JN086716

中原圭介＆岡村友哉
が教える！

お金を10倍に増やす株の見つけ方

中原圭介×岡村友哉

横浜タイガ出版

はじめに

この本を手に取っていただき、ありがとうございます。
あなたは、どんな動機で、この本を手に取ったのでしょうか？

「株式投資で短期間に資産を増やしたい」
「テンバガー（10倍株）を取ってみたい」
「IPO（新規公開株）で今後有望な銘柄を知りたい」

動機は様々だと思います。

いきなりあなたの出鼻をくじいてしまうかもしれませんが、まず断っておきたいのは、**「世の中、そんなにおいしい話はないよ」**ということです。

投資にとって、リスクは付きものです。

例えば、最近では**「短期間で億り人になれる」**という類の謳い文句が散見されますが、**その裏に潜むリスク**については、あまり意識されることがありません。のちほど詳しく説明しますが、「短期間で億り人なれる」ということは、失敗すれば、**「短期間で資金がゼロになる」可能性**も秘めているということです。

リスクコントロールを考えずに、リターンばかりを追い求める人は、いつか大ケガをして、株式市場からの退場を余儀なくされる可能性が高いと思います。本文（詳しくは170ページ）でも触れますが、私自身、**2006年のライブドアショック時に資産を半減させた経験**があるので、そのあたりが身に染みてよく分かるのです。

個人投資家が資産を増やすうえで、**IPO銘柄は非常に魅力的**です。上場直後から派手な値動きをするので、うまくいけば、**短期間で資産を大きく増やせるメリット**があります。

ですが、私自身、IPO 銘柄の売買はやりません。

なぜなら、上場直後の IPO 銘柄は、**情報があまりにも少なすぎる**からです。

情報が少なすぎて、分からないことだらけ……。何も分からない中で資金を投入するのは、私に言わせれば、投資ではなく、投機です。

しかし、一方で、個人投資家が資産を増やすうえで、IPO 銘柄が非常に魅力的であることは、よく理解しています。

特に上場直後は情報が少なすぎるゆえ、**上にも下にもミスプライスを付けている IPO 銘柄**が数多くあります。

IPO 銘柄は、**自分でよく調べて、熟知したうえで投資をすれば、リスクコントロールをしつつ、短期間で大きなリターンを得ることができる可能性を秘めている**ことは間違いありません。

そこで、この本では**「IPO 銘柄の達人」**である岡村友哉さんと対談を行いました。

あくまでも私が知るかぎりですが、岡村さんは**「IPO 銘柄に日本一詳しい」**と言って、差し支えありません。

なぜ、岡村さんは IPO 銘柄に詳しいのか？

その理由は、岡村さんが経済番組のキャスター、そして株式のコメンテーターとして、**数多くの取材を行っている点**が挙げられますが、何よりも大きいのは、岡村さんが**無類の株好きである点**です。

岡村さんは長い間、株式投資、特に IPO 銘柄に興味を持ち、知見を重ねてきました。岡村さんと話をするたびに、その豊富な知識に驚かされることもしばしばです。

今回の対談の主題は**「株式投資でリスクコントロールをしつつ、最速で資産を 10 倍に増やす方法」**についてです。

このテーマを中心にして「**IPO 銘柄の魅力**」や「**テンバガーの可能性**」を掘り下げていくのと同時に、「**大化けする可能性がある銘柄の共**

通点」について、読者のあなたに、様々なヒントを提供できればと思っています。

今回の対談は、3日間に分けて行いました。

そのため、この本も**3章立ての構成**になっています。

1日目のテーマは「IPO銘柄でテンバガーは可能か？」についてです。

「IPOの裏側」「短期テンバガー達成の3つの条件」「億り人になる人の共通点」「資産を10倍に増やすNISA活用法」などについて、岡村さんに詳しくお話を伺いました。

2日目のテーマは「お金を10倍に増やす株の見つけ方」についてです。

「大化けする銘柄の共通点」や**「長期保有できる銘柄の条件」**は何か？様々な事例を挙げながら、深く掘り下げていきます。また**「決算短信のポイント」「株式投資を成功させる仮説の立て方」」「ツイッター活用法」「新聞の読み方」**などについても、詳しく解説します。

3日目のテーマは「お金を10倍に増やす投資戦略」についてです。

「どんな相場でも負けない投資法」を主題として、**「株価の天井や底を見極める方法」「ショック時の対処法」「投資技術をバージョンアップする方法」**などについて、議論を交わしました。

本書では、**初心者の方でも理解できるよう、できるかぎり丁寧な説明**を心がけました。この本があなたの投資家生活に少しでもお役に立てるよう、切に願っております。

目次　Contents

2日目 お金を10倍に増やす株の見つけ方
～「大化けする銘柄」の共通点とは？～

※本書で示した意見によって読者に生じた損害、および逸失利益について、著者、発行者、発行所はいかなる責任も負いません。
投資の決定は、ご自身の判断でなさるようにお願いいたします。

●カバーデザイン・イラスト・マンガ／ハッチとナッチ
●本文デザイン・DTP ／白石知美・安田浩也（株式会社システムタンク）

1日目

1日目

IPO銘柄でテンバガーは可能か？

～誰も教えてくれないIPOの裏側～

知られざる「IPO市場の変化」とは？

まずは近年の「IPO 市場の劣化」とも取られかねない現状について、岡村さんにお話を伺いたいと思います。
東証は年間の上場目標を **100 社**としていますが、その目標達成を優先するあまり、IPO 企業の質が悪化し、いざ上場しても投資妙味が薄いのではないかと言われています。
「そもそも、大半の IPO 銘柄は投資対象にならないのではないか」という懸念がよく聞かれます。
そのあたりの現状について、詳しく教えていただけますか？

分かりました。まず断っておきたいのは、僕自身、東証の方針が IPO の劣化に繋がっているとは思っていないということです。
なぜ、東証が上場 100 社を目標としているのか？
その経緯をお話しすると、2007 年頃まで、年間の IPO は常に 100 社以上ありました。
ところが 2008 年のリーマンショックのあと、**市況が悪化**して、IPO の数が減少しました。
そうした中、2013 年 1 月に日本証券取引所が IPO しました。
上場会社になったため、他の上場会社と同じように、外部に目標を発信するようになりました。そこで「**成長の 3 本柱**」の 1 番目に掲げられたのが、上場 100 社という目標になります。
上場企業として、目標を掲げるのは当然ですから、それ自体は問題ないと思います。

投資妙味という点ではどうでしょうか？

「**グロース市場（旧マザーズ市場）には、中長期の投資対象として、微妙な銘柄が多い**」と多くの投資家が感じていると思います。
現在の東証には、**プライム市場、スタンダード市場、グロース市場の 3 つ**があります。
スタンダード市場以上に上がろうと思ったら、直近 1 年間の経常利益が 1 億円以上ないといけません。
一方、**グロースの市場には、経常利益 1 億円以上という金額的な制約がありません。**つまり、利益が 1 億円に満たない段階のベンチャー企業が、グロース市場だったら、上場できる可能性があるわけです。
利益が 1 億円に満たない企業、特に赤字段階で先行投資をしているフェーズの企業というのは、かなり**アーリーステージ**です。
人を増やしながら、会社を成長させて、いっぱしの利益を出す前の段階でも、**ルール上、上場できてしまう**ということです。

そうなると、**将来の成長に対する目利きが重要**になってきますね。
2021 年の段階では、「**最近の IPO は上場ゴールが多く、投資対象になる銘柄を見つけるのが難しい**」という話で、岡村さんと私は意見が一致していました。

そうですね。公開価格が高いIPOが多かったですから。
ただ、**2022年に入ってからのグロース株バブルの崩壊で、状況が変わりつつあります。**
2021年までは「多くのIPO銘柄が投資対象としては危険かな」と思っていましたが、その考えが徐々に変わってきました。
というのも、**赤字のベンチャーや利益が小さい会社などが、IPOしにくくなった**んです。その理由は、**機関投資家がそういう銘柄を嫌うようになった**からです。
上場前に機関投資家を回っても、「**その銘柄だと、この金額は払えません**」という話になってしまうので、公開価格に十分な値段が付かなくなりました。
ベンチャー企業にとって、**IPOは一生に1回きりのチャンス**です。もちろん、手前で投資をしていたベンチャーキャピタルにとっても、最善の出口（エグジット）になります。良い値段で上場できないなら、しない方がいい。
だから最近は、ある程度の利益を出せる段階になった会社が上場するようになりました。

状況が変わってきたということですね。

そうですね。以前は、初値が高く付いたあとのIPO銘柄の9割ぐらいは、投資対象にならないと思っていました。
ですが最近は、**7割ぐらいは「高いかな」と思うものの、3割ぐらいは初値を付けたあとからも上がりそうな予感**がします。あくまでも私の予感ですが。
いずれにせよ、2022年のグロース株バブルの崩壊で、IPOにも自浄作用が働いたように思います。

東証が年間100社を目指すところに、無理は生じないのでしょ

うか？

東証がIPOを増やそうとするのは、別に悪いことではないと思います。
でも、社数をこなそうとすると、どうしても定量的なスコアで判断せざるをえなくなる面はありますよね。

「**定量的なスコアで判断する**」というのは、具体的にどういうことでしょうか？

例えば「**安定的に利益が何億円以上あれば、この市場」という形で、杓子定規で判断せざるをえない**ということです。
そうなると、利益を出しやすい企業、例えば**Eコマースをやっている会社などが上場しがち**になります。
それ自体は悪いことではありませんが、そういう会社は、現時点で利益を出せてはいるものの、**ビジネスモデルに新奇性がなかったり、そんなに成長性が高くなかったりします。**

利益が出ていても、成長性があるとは限りませんからね。

実は、すごいベンチャーって、日本に多いんです。
すごいビジネスをやっているベンチャーが多いけれど、**赤字**だったりする。そうすると、すぐにはIPOできなかったりします。**本当にすごいベンチャーが上場できない。**
その一方で、微妙に稼げている、社員数20～30人程度のベンチャー企業が普通に上場しています。
会社の数はかなりあるけれども、その中に何年後かに大化けする可能性がありそうな、ポテンシャルを持っていそうな会社は少ない。

IPO が改善しているとはいえ、そういう傾向はあまり変わっていない気がします。

テンバガーはどのようにして生まれるのか？

IPO の現状については、よく分かりました。
次に**テンバガー（10 倍株）**について伺いたいと思います。
テンバガーの話になると、よく出てくるのは**エムスリー**（2413）ですね。
私が投資を始めた頃から、エムスリーはあって、当時はソネット・エムスリーでした。

エムスリーは、2004 年につけた最安値から、2021 年につけた高値までで **220 倍**になりました。

図① エムスリー(2413) 年足 上場 ~2023年3月20日

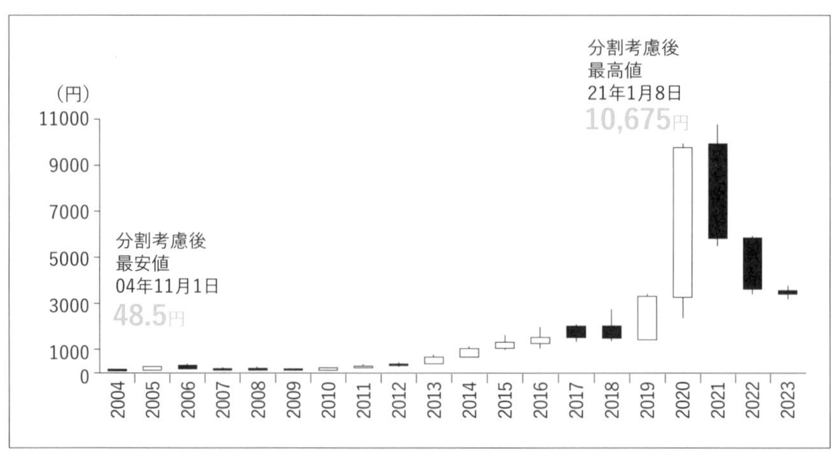

そうなると、「次のエムスリーはどこだ？」という話になると思います。そのあたりはいかがでしょうか？

エムスリーに限りませんが、テンバガーはあくまでも結果としてそうなったというだけの話であって、事前に予測するのは、さすがに不可能です。
テンバガーのエピソードでは、**エムスリーやMonotaRO（3064）**などがよく語られますが、これらがテンバガーになったのは、**過去最高益、大幅な増収増益を何期も続けることができた**からです。

スター株はたいてい、決算のサプライズを積み重ねる過程で生まれます。

たしかに「**次の期も最高益になるか？**」と言われれば、それは誰にも分かりませんよね。

そのとおりです。だから、「**エムスリーのように最高益を取りながら、次にテンバガーする会社はどこか？」と言われても、みんな思い浮かぶ会社がない**んですよ。あくまでも、あとで振り返ってみて分かる話ですから。
テンバガーを生み出す力が株式市場にはあります。でも残念ながら、それを予測する力は人間にはありません。

私もそう思います。テンバガーというのは、**あくまでも結果論**であって、そこを狙っていくのは、基本的にナンセンスです。

時間をかけられるということであれば、しっかり業績を伸ばせそうな銘柄を長く持つのは、悪いことではありません。
例えば、**EPS（1株当たり純利益）が10年で10倍になった**

ら、株価が10倍になることも、正当化しようと思えばできますから。

でも、先ほどもお話ししたように、テンバガーはそもそも狙えるものではないし、あえて狙う必要もないと思います。

例えば、**2022年は久しぶりのベアマーケット**（相場の下落が続いている市場のこと）でしたが、そんな中、2022年の安値から高値までの最大上昇率で、**1年間で2倍以上になった株が、日本の中に270銘柄以上**ありました。

同様に、**5倍以上になったのは9銘柄。10倍になったのは2銘柄。全て中小型株**です。

無理にテンバガーを狙うのではなく、そうした銘柄にコツコツ投資をした方が良いということですね。

そう思います。日本の中小型株は、ほとんどが**国内完結型**のビジネスで、多国籍企業はほとんどありません。

そうなると外部環境、例えば、欧米の景気減速や金融政策の変更は、基本的にその企業のファンダメンタルズ（国や企業などの経済状態を示す指標のこと）には関係ないんですよね。

そういう銘柄にお金が向かうと、**マーケットキャップ**（株式時価総額のこと）**が小さい銘柄が多いので、全体相場が弱い時期にも株価が上がることは多い**です。

中小型株の魅力は、ベアマーケットの中でも2倍、3倍といった銘柄が生まれるところにあります。

大型株の場合、ベアマーケットの中で2倍になったり、指数の値動きに逆行して2倍になったりすることは、ほとんどありませんからね。

そのとおりです。中小型株の中には、日経平均と相関のないものがたくさんあります。
例えば「**ベータ値が1**」ということは、「**日経平均と同じような動き方をする**」という意味ですが、それが**0.1とかマイナスの銘柄はけっこう多くある**んです。
そういう銘柄を、「日本株全体がどうなるか」という予測とは切り離して考え、投資をしていくことが、資産を増やすためにはすごく大事だと思います。

メディアはテンバガーを囃し立てますが、私の見立てでは、**株価の上限は5～7倍がいいところで、たいていは10倍になる前に終わってしまいます。**
でも、10倍にこだわる投資家はけっこう多いです。
5倍ぐらいになったら、「業績から見たら割高なんだから、早く売ればいいのに」と思うんだけど、「**10倍になるまで売りません**」という意固地な投資家がかなり多いです。
結果、「**せっかく5倍までいったのに、2倍まで戻ってしまった**」というパターンはよくある話です。
テンバガーを狙って、その銘柄をずっと持っている方が、投資効率が悪くなる。こういうケースは「**投資あるある**」だと思います。

たしかに、よくあるパターンですね。

株価が何倍にもなる機会に出会うためには、基本的に流動性が低い時に買わなければなりません。これは**非常に重要な視点**です。

そうですね。流動性が低いということは、みんなが見ていな

い、つまり**人気がない**ということです。

人気がなくて、誰も見てない時に買わないと、「株価が何倍」という確率は低いわけです。

流動性がなくて、人気がない。そうした中から大化けする株が出てきますが、**人気がないまま終わってしまう銘柄の方が圧倒的に多い。**だから、難しいんですよね。

テンバガーって、結局は運なんですよ。実力ではありません。まかり間違ってテンバガーで儲けたりしたら、おそらく次からの投資は、もううまくいかないと思います。
パチンコと同じですよ。ビギナーズラックで大勝ちして、あとはダメになってしまうパターンです。

大事なのは、あくまでも資産10倍という目標を達成することであって、テンバガーを達成することではありませんからね。
細かい税金の計算は省きますが、100万円を5倍にすれば、500万になります。そうすれば、あと1回、2倍を取れば、それで10倍になります。
テンバガーを切り刻んで考えましょう。2倍を4回でもいい。それぐらいのスタンスの方が、現実的ですよね。

そう思います。例えば、**3年後の売上が2倍になる銘柄を探そうと思ったら、そんなにハードルは高くありません。**
一方、**売上が10倍になる銘柄を探そうとしても、そんなものは、まず見つからない**と思います。

コロナ禍は、大事な教訓を与えてくれたように思います。

それは、**みんなが「もうダメだ」と思って、距離を置いている時に仕込むことの大切さ**です。
良い例は、旅行関連サイトで**中小型株のアドベンチャー（6030）やオープンドア（3926）**ですね。
ピュアな成長で売上2倍となると、なかなか難しい側面もあります。
でもコロナ禍のような特殊な状況下で、いったん需要がなくなった状態からの回復となれば、売上2倍は十分にありえますし、実際に起きました。
アドベンチャーの株価は2年強で約7倍。オープンドアも1年半で約4倍になりました。
あとから振り返ってみたら、「**なんでこんな簡単なことに気づかなかったんだろう**」という話なんですけど、こうした教訓を次に活かすことが大事ですね。

短期テンバガー達成の「3つの条件」とは？

テンバガーについて、もう少し掘り下げていきたいと思います。
2022年は2銘柄が短期テンバガーを達成しました。

2022年の1年間でテンバガーになった銘柄は、**マツモト（7901）とバンク・オブ・イノベーション（4393）**の2銘柄です。
前年の2021年も2銘柄で、**グローバルウェイ（3936）と東京機械製作所（6335）**でした。
これが多いか少ないかと言われると、僕の中では「**すごい多いな**」というのが、正直な印象です。1年の間に10倍になる株が、上場会社の中に2つもあるわけですから。

マツモト（7901）とバンク・オブ・イノベーション（4393）は、どうして株価が上がったのでしょうか？

マツモトに関しては、いわゆる**仕手株**（特定の投資家によって株価が意図的に操作されている銘柄のこと）になったといったところです。
SNS上で影響力を持つインフルエンサーに、驚くほど多くの人が乗っかって、信じられないほど株価が上がりました。
2022年の爆上げ前の時価総額が7億円程度という超小型株だったからなせたことではありますが。

そうなんですね。バンク・オブ・イノベーションはいかがでしょうか？

こちらは、ものすごいキレイな材料でした。
「**メメントモリ**」という魔女のゲームが大ヒットして、月次課金高で初月から35億円の売上が立ったんです。
この会社の前の期の売上高は24億円でした。
つまり**年間の売上を大幅に上回る額を、たった1カ月で稼いでしまった**ということです。
だから**株価が10倍**になりました。キレイな話ですよね。

「**ヒット商品が出た**」とか、「**売上が立った**」という理由で株価が上がるのは、理想的ですね。

理想的なんですが、これればっかりは予想ができませんから、難しいです。

短期テンバガー銘柄に、何か共通点があれば教えてください。

マツモトやバンク・オブ・イノベーションのように、**短期間でテンバガーを達成する株の条件**を考えた時に、主に次の3つが挙げられます。
これは**2022年の「瞬間最大上昇率トップ5」の銘柄の共通点**に基づいています。

短期テンバガー達成の「3つの条件」

①時価総額が35億円未満　＝　小型（軽い）

②25日移動平均売買代金7000万円未満　＝　流動性が低い

③信用買い残が2億円未満　＝　人気がない

1980年代のバブル期、女性が「**結婚したい男性の条件**」として「**3高**」を掲げた時代がありました。
3高とは、**高学歴、高収入、高身長**のことです。これがモテる男の条件でした。
短期でテンバガーを達成するのは、まさにその逆で、①〜③の**モテない3要素**、つまり**「3低」をパーフェクトに兼ね備えた会社**になります。
実は、こうした会社は山のようにあります。
こうした条件を満たす会社を**プライム市場、スタンダード市場、グロース市場に分けて、時価総額の小さい順に並べたのが、次のページの表**になります。

次のページへ ➡

図②「３低」条件を満たす東証プライム銘柄

全1836銘柄中、該当するのは5銘柄　（データは2023年3月20日時点、時価総額が小さい順）

コード	銘柄名	時価総額（億円）	売買代金25MA（億円）	信用買い残（億円）
9419	ワイヤレスG	25.7	0.14	1.09
3559	ピーバン	27.8	0.03	0.39
2722	ＩＫＨＤ	31.2	0.05	0.67
3928	マイネット	31.2	0.13	1.09
3985	テモナ	34.1	0.14	0.73

この表で挙げていただいた中に、どこか注目する企業はありますか？

特にありません。
ひょっとしたら、このリストの中に、短期テンバガーを達成する銘柄が含まれているかもしれませんが、それが事前に分かるのなら、苦労はありませんよ（苦笑）。
あくまでも「**こういう感覚で銘柄を選んでいけば、テンバガーに辿り着けるかもね」というリスト**になります。

そもそも人気がない銘柄ばかりですからね。

この表では**時価総額35億円未満の銘柄をリストアップ**しました。なぜなら、**時価総額35億円の会社が短期で350億円になることはありうる**からです。
でも一方で、例えば時価総額800億円が短期で8000億円になることは、まずありません。

図③「3低」条件を満たす東証スタンダード銘柄

全1442銘柄中、該当するのは316銘柄 （データは2023年3月20日時点、時価総額下位30の銘柄）

コード	銘柄名	時価総額（億円）	売買代金25MA（億円）	信用買い残（億円）
7997	くろがね工作所	7.9	0.01	0.19
8143	ラピーヌ	8.4	0.02	0.22
3370	フジタコーポ	8.6	0.20	1.06
9610	ウィルソンWLW	8.9	0.12	0.94
6836	ぷらっとホーム	9.5	0.02	0.33
3223	エスエルディー	9.6	0.03	0.50
6416	桂川電機	9.9	0.02	0.37
6731	ピクセラ	10.3	0.16	0.47
7851	カワセCS	10.5	0.01	0.56
5610	大和重工	10.6	0.00	0.18
4760	アルファ	10.7	0.01	0.16
7426	山　大	10.9	0.01	0.16
2323	fonfun	11.0	0.10	0.80
2673	夢みつけ隊	11.4	0.26	0.81
2459	アウンコンサル	11.8	0.07	0.58
8209	フレンドリー	11.9	0.14	0.27
3779	J･エスコムHD	12.1	0.08	1.10
7719	東京衡機	12.3	0.02	0.46
8225	タカチホ	12.4	0.12	0.86
1971	中央ビルト工業	12.5	0.00	0.40
6977	日本抵抗器	12.7	0.06	0.43
5380	新　東	12.8	0.67	0.77
8995	誠建設工業	13.1	0.01	0.06
1439	安江工務店	13.3	0.10	0.71
6578	エヌリンクス	13.5	0.04	0.75
2926	篠崎屋	13.6	0.10	1.13
7422	東邦レマック	13.7	0.02	0.18
1730	麻生フオーム	13.7	0.01	0.24
9878	セキド	13.9	0.04	1.02
1382	ホーブ	14.0	0.10	0.62

図④「３低」条件を満たす東証グロース銘柄

全510銘柄中、該当するのは99銘柄　（データは2023年3月20日時点、時価総額下位30の銘柄）

コード	銘柄名	時価総額（億円）	売買代金 25MA（億円）	信用買い残（億円）
2164	地域新聞社	8.4	0.04	0.40
9241	ＦＬＮ	9.1	0.01	0.31
2997	ストレージ王	9.1	0.04	0.48
3803	イメージINF	9.4	0.00	0.08
6177	AppBank	10.8	0.08	1.54
6574	コンヴァノ	11.3	0.01	0.39
6173	アクアライン	11.8	0.01	0.06
3814	アルファクスFS	12.3	0.07	0.67
3261	グランディーズ	12.5	0.01	0.38
9271	和　心	12.6	0.05	0.05
6573	アジャイル	12.8	0.02	0.06
7074	247	13.3	0.03	0.60
6085	アーキテクツSJ	13.3	0.01	0.58
7083	ＡＨＣＧ	13.8	0.01	0.34
3913	sMedio	14.2	0.03	0.74
4316	ビーマップ	14.4	0.11	1.15
4073	ジィ･シィ企画	14.5	0.02	0.37
4179	ジーネクスト	14.7	0.08	1.27
9215	ＣａＳｙ	14.7	0.02	0.40
9244	デジタリフト	15.1	0.06	1.17
3929	ソーシャルワイヤー	15.8	0.04	0.49
3286	トラストHD	15.9	0.02	0.28
7345	アイ･パートナーズ	16.1	0.11	0.81
9562	ビジネスコーチ	16.6	0.06	1.35
3908	コラボス	16.9	0.02	0.37
3137	ファンデリー	17.7	0.01	0.32
7369	メイホーHD	18.2	0.01	0.61
6545	ＩＩＦ	18.6	0.01	0.65
7687	ミクリード	19.1	0.06	0.75
3042	セキュアヴェイル	19.2	0.08	0.77

それは難しいですね。

なぜ、時価総額35億円からの10倍は可能で、時価総額800億円からの10倍は難しいのか？
例えば、**テストで10点しか取れなかった人**と**90点を取れた人**がいたとします。
両者とも、**10点ずつを上積み**した場合、10点の人は合計20点になり、2倍になります。**変化率で見ると100％**です。
これに対して、90点から10点を上積みした人は合計100点。
変化率で見ると約11％にしかなりません。
このことから分かるのは、同じ10点でも、**もともとの点数が高いか低いかで、変化率に大きな差が出てしまう**ということです。
これを時価総額に置き換えてみると、**時価総額の大きな銘柄が時価総額を上げるのは、ものすごく大きなエネルギーが必要**だと理解していただけると思います。

分かりやすい例えですね。

理想は時価総額800億円や900億円でずっと停滞している株よりも、**時価総額1000億円に向けて、加速度的に上がっていく株**です。

中小型のファンド（投資家から集めたお金で運用する商品のこと）の中には、「**時価総額1000億円以上**」というマーケットキャップのルールがあるものもあって、**時価総額が1000億円未満だと買えない**場合があります。

だから**時価総額が1000億円以上になって、さらに上昇が加速する株がある**んですよ。そこから機関投資家が買えるようになったりするので。

そうすると、**時価総額のサイズ感をチェックすることが大事**ですね。

大事だと思います。イメージとして、**理想は時価総額50億円前後**です。

時価総額が800億円とか900億円のレベルになると、ほとんどの人が知っています。そうすると、だいたい調査されて株価が付いているので、あまり発掘する感じにはなりません。

一方、時価総額50億円ぐらいで、上場してまだあまり時間が経ってない銘柄は、けっこうあります。

そうした銘柄は、**まだ市場で調査をされていなくて、気づいていない人も多い**から、それがものすごい形で株価に反映されることがあります。

簡単に言うと、**過小評価されている「アルファ」（超過収益）を取りに行く**ということですね。

そういうことです。
ただ一点、注意しておきたいのは1年の中で、**これらの小型株が大きく上がる期間は、かなり短い傾向がある**ということです。
例えば、マツモトがテンバガーするのにかかった期間は、**わずか3カ月**でした。つまり、この3カ月間ではない、**残りの9カ月間で持っていたとしても、何の意味もない**わけです。
いくらその銘柄に目をつけていたとしても、テンバガーする期間に持っていなければ、意味がありません。
ということは、**基本的に長く持っていないとダメ**なんですよ。
この点は明日、具体例を交えて、詳しく説明したいと思います。

全体相場の地合いが悪くても、それとは関係なく生まれるのが、短期テンバガーの特徴ですね。

はい。だから長期保有を前提にして、**ポートフォリオ**（金融商品の組み合わせのこと）**の10%ぐらいでいいから、「3低小型株」をスパイスとして混ぜておく**といいのではないかと僕は思っています。

ポートフォリオにスパイスを入れるという発想はとても面白いですね。

ある大手運用会社で長く勤めているファンドマネージャーは、ファンドとして、IPOにたくさん申し込みをするそうです。
仮にそのIPO株が2倍になったところで、**ファンド全体から見れば、影響力は小さい。**それでもIPOに申し込みをする理由は、**「スパイスが欲しいから」**だそうです。

そういう発想で、資産の10％ぐらいを、3低要素を備えた小型株に振り向けるのは、僕は悪くないと思います。

いくら自分が良いと思っても、他人が良いと思わなければ、株価は上がりません。そこが難しいところです。

日本は美人投票色が濃いマーケットですからね。
でも自分が持っていた銘柄に、思いもよらないニュースが飛び込んでくることってあるんですよ。
だから、やっぱり持っていないといけません。

宝くじのようなものですね。持っていても、なかなか当たらないけれど、持っていない人には、絶対に当たらない。

宝くじに近いです。所詮、未来を正確に読むことは不可能ですから。でも、そういった中でも、**自分なりのシナリオ**を考えるのが大切だと思います。
例えば、**オーダスーツ専門店「GINZA Global Style」**を展開している**グローバルスタイル（7126）**です。
今は時価総額が約40億円と小さいですが、「**ひょっとしたら、ユニクロに買収されたりしてね**」なんて、自分なりに妄想してみると、けっこう楽しいじゃないですか。
待っていれば、起きる可能性はゼロではありません。

要するに、自分なりに仮説を立てて、その仮説を分析・検証することが大切ということですね。

そのとおりです。

上昇するIPO銘柄は何が違うのか？

数年前になりますが、日経ヴェリタス編集長の塚本奈津美さんが、「テンバガー社長の条件」として、「**着任から2年で株価が2倍になると、その後も社長職にとどまって、テンバガー社長になっていく可能性が高い**」という仮説を立てていました。
この仮説について、岡村さんの印象を伺えますか？

なるほど。その仮説は、今初めて知りましたが、言われてみると、そういう傾向はあるのかもしれませんね。
社長の条件はよく分かりませんが、IPO銘柄で言うと、**マーケットに出てきてからの最初の1年間で、その銘柄が市場でどれぐらい認知されるか？**
これいかんで、その後の結果がかなり左右されるような気がしています。

市場に認知されるというのは、どういうことでしょうか？
もう少し具体的に教えてください。

順を追って説明すると、**結局のところ、個人投資家にガンガン売買してもらっても、株価にとっては、あまり意味がない**んですよ。
流動性がつくという点では、すごく意味があるのですが、**個人投資家は短期で反対売買をしてしまう**ので、長く持ってはくれません。
例えば、**市場にあるIPOの浮動株を2%買って、ホールドしてくれる投資家は誰か？**

そのように考えると、ファンドしか考えられません。
今はファンドのような大きな資産を運用している個人投資家もいますが、基本的にはファンドしか考えられません。
時には、海外の大きい運用会社がグロース株を買ったりもします。そういうところが買って、**半年、1年、2年と持ってくれれば、その間は市場に流通する株が減ります。**

「**市場の株が減る**」というのは、「**需給が引き締まる**」ととらえることができます。

そのとおりです。いずれにせよ、買っている投資家が「**すぐには売らないタイプの投資家か**」、それとも「**すぐに売るタイプの投資家（信用取引で買った個人投資家が最たる例）か**」をイメージすることは、需給を読むうえで、とても大事だと思います。

そうなると、機関投資家にいかに知ってもらえるかが大事ですね。

はい。だから、上場後にも、真面目に**スモールミーティング**（会社の経営陣が機関投資家やアナリストの質問に答える会議のこと）**に力を入れている会社がけっこうある**んですよ。
会社名は言えませんが、一度、ある上場している大手建設会社の社長のスケジュール帳を見せていただいたことがあります。
その手帳には「**本業は何？**」と思えるぐらい、**機関投資家とのミーティングの予定**がぎっしり詰まっていました。
実際、**その会社の株価はものすごく上がりました。**

それ、ちょっとメモさせてもらいます。

結局、機関投資家の認知度を上げる方が、圧倒的に株価が上がりやすいんですよ。

彼らは知らない銘柄を買いません。決算説明資料を見ただけとかでは買わないんです。

以前、ファンドの人からよく名前が出ていたのは、**ジャパンエレベーターサービスホールディングス**（6544）でした。

この会社の株価はめちゃくちゃ上がりましたが、ファンドを回って、「決算はこうなっている」「今こういうことをやっている」と説明していたそうです。

そうすると、機関投資家もビジネスの仕組みが分かるので、**「それなら、これぐらいホールドしておこうか」**というきっかけが生まれやすいわけです。

**図⑤ ジャパンエレベーターサービスホールディングス(6544)
月足　上場～2023年3月**

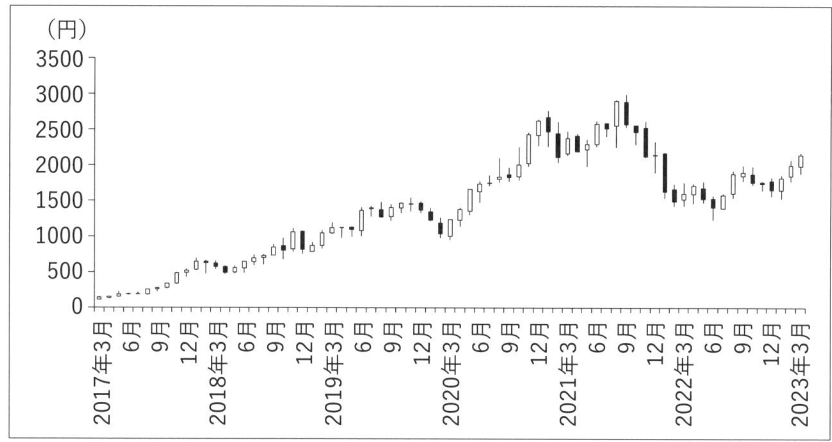

そうなると、機関投資家との接点をいかに持つかが大切ですね。

はい。そうした点で言うと、**地方の企業よりも東京の会社の方**

が圧倒的に有利なんです。

例えば、僕が「良い会社だな」と思う地方の会社があるんですが、**地方だと、機関投資家との接点を作りにくい**ですよね。それだと、機関投資家に知ってもらえません。

アナリストも、地方の小型企業には滅多に取材に行きません。

ZOOM 会議の浸透で、東京と地方の格差は、だいぶなくなってきましたが、機関投資家とのミーティングやアナリストの取材のことを考えると、東京にある会社は、圧倒的に有利です。

東京にある会社か・否かは、IPO 投資の際に、見るべき１つのポイントになると思います。

IRへの質問テクニック「絶対に聞くべきこと」とは？

機関投資家の認知度を上げる重要性を岡村さんに教えていただきました。

しかし、ここで１つ疑問が残ります。

それは「**企業が機関投資家との接点を持っているのか・否か**」**が、一般の個人投資家には分からない**ということです。

この問題は、どのように解消すればいいのでしょうか？

答えは簡単です。「あまりにしつこい問い合わせは迷惑になる」ということを前置きしておきますが、**IR に聞けばいい**んですよ。

自分が投資したいと思う会社の IR（株主や投資家に対する広報を担う部署）に電話をして、聞いてみればいい。

「最近、御社は機関投資家とのミーティングをどのぐらいされているんですか？」と聞けば、答えてくれるはずです。

実際に、週に何回もミーティングをやっている会社はありますから。

なるほど。それは面白いですね。
私も大手の投資スクール（ファイナンシャルアカデミー）の授業などで、「**分からないことがあったら、IR に聞きましょう**」「**手間を惜しんではいけない**」という話をよくしています。
そうすると初心者の方からよく言われるのが、「IR に聞けと言われても、何を聞けばいいのかが分からない」ということです。
もちろん、何を聞きたいのかが分かるようになってから、質問をする必要がありますが、話の最後に「最近、御社は機関投資家とのミーティングをどのぐらいしていらっしゃいますか？」と聞くのは良いですね。

その質問に対する答えは「やっている」、もしくは「やっていない」のどちらかです。
もし「やっている」のなら、「**機関投資家からどんなことを質問されたんですか？**」「**それに対して、御社は何と答えたんですか？**」と聞けばいいと思います。
よく決算説明資料を見て、その数字のことを IR に根掘り葉掘り聞く人がいますが、向こうからすれば「**面倒くさいな**」という話だと思うんですよ。資料に書いてありますから。そういう話を IR に聞いても、あまり投資に役立つとは思えません。
同様に、今は決算説明会の書き起こしをアップデートしてくれている会社が増えているので、そこに書いてあることを聞くのもやめた方がいいです。迷惑ですから。
そういう質問ではなく、**機関投資家が何を質問したのかを聞いて、それに対する答えを教えてもらった方が、より勘所を押さえられる**と思います。

ちなみに、中原さんはIRにどんな質問をしているんですか？

例えば、**保守的な上方修正をする会社、あるいは上方修正できるのにしない会社**がありますよね。

ありますね。

決算短信にその理由が書かれていない場合、やはり疑問は解消したいです。
例えば、第２四半期までの純利益が**90億円**なのに、通期の見通しが据え置きで**120億円**だったとしましょう。
その場合、「**残りの２四半期は30億円しか利益が出ないということでよろしいでしょうか？**」という聞き方をします。
そう思っていない企業は「**違います**」「**かたく見積もっているんです**」ときちんと答えてくれます。

それは答えてくれるでしょうね。

本当にかたく見積もっているのか、それとも今後の業績が弱含むと考えているのか？
そのあたりの本音を見極めるために、わざとそういう質問の仕方をするようにしています。

たしかに、我々は業績の進捗率ばかりを見てしまう傾向がありますよね。
進捗率を見て、「上方修正しそうだ」と買ってしまいがちですが、**買う前にIRに確認する。この一手間は大事**だと思います。

あまり人には教えたくない投資法なのですが、私の経験上、

第１四半期でスタートダッシュが良かった会社は、その後も上方修正の可能性が高く、投資効率が良い傾向があります。
全体相場の地合いにもよりますが、そういう会社は基本的に買ってもいいかなと思っています。

 億り人になる人の共通点

IPOの話はここまでにして、次は**億り人**について、考えてみたいと思います。
資産10倍を目指す人の中には、将来、億り人になりたいと考えている方も多いと思います。
例えば、**億り人を目指す人が１万人**いるとしましょう。
この時、岡村さんの感覚だと、１万人の中で、どれぐらいの割合の人間が**信用取引**をやっていると思いますか？

僕の感覚ですか？　億り人を目指すぐらいの高い目標を掲げている人なら、**ほぼ100%**でしょう。
スタートの資金にもよりますが、信用取引をやらずに、現物取引だけで億単位の資産を作るのは、たぶん無理だと思います。
少額資金スタートの個人投資家で、億り人になった人に話を聞いてみたところ、「**資産が１億円になるまでは信用取引をゴリゴリやって、そこまで資産が増えてから現物取引だけになった**」と言っていました。
もともとのお金がある人は別ですが、おそらくほとんどの人のスタートは100万円、200万円、300万円とか、そのあたりですよね？
そこからスタートするなら、信用取引しかないと思います。

では、**株式投資を100万円でスタートして、億り人を目指す人が1万人**いたとしましょう。
その1万人が信用取引を使って、資産が2倍になるのに成功するか、失敗するか？　**確率的には50%**になります。
計算上、1回目の取引で成功して100万円を200万円にする人が**5000人**、失敗して資金がなくなる人が**5000人**です。
2回目も成功して200万円が400万円になる人が**2500人**、3回目も成功して800万円になる人が**1250人**。
これを繰り返していくと、**7回目まで連続して成功すれば、億り人**になれます。

完璧にハマったとしたら、そういう計算になりますね。

1万人が100万円から始めたとして、7回目までに78人が残ります。確率論的には、**78人が資産を1億2800万円にできる計算**になります。
こうした確率論に立つと、**億り人って、実はまわりにけっこういる**と思うんですよ。

そうかもしれませんね。でも、**確率論で言えば、99%以上は億り人にはなれない**ということです。

そのとおりです。1万人の中で、78人しか残らないわけですから。

少額資金から株で億単位の資産を作る人って、良い意味で、頭のネジが1本飛んでいる気がします。
例えば普通の人なら、資産100万円が1000万円になったら、「これまでよりも、少しリスクを抑えよう」と考えますよね？

億り人への道　～Road to Billionaire～
億り人に
私は
なる!!
ちょっ……
待っ……
上がりそうなのさがすよー♡
良さげな株をムリしない程度に購入
自己資本
業績
100%
最初だけ波にのれたけど
サイコー!!
少し経てば
凪……
ヒマー
億り人なんて本当はいないのでは……？
私って株に向いてない？
焦ってやると
億
99%以上は失敗するよ。
あー
ゆっくり地道に億り人を目指そう!!
ファイト!!
なるほど!

でも、そう考えた時点で、もう無理なんですよ。
仮に資産が1000万円になっても、100万円の時と同じ感覚で、信用取引を使って、レバレッジをかけてハイリスク勝負できる人たちが、億り人になるんです。
「投資の観点では、頭のネジが全部しっかり閉まっていたらダメなのかな」と感じてしまいます。

たしかにそうですね。
現在の億り人と呼ばれる人たちは、**堅実な投資家は少数派**で、どこかで1回や2回の大勝負をやっている人たちが多いと思います。
例えば、**信用取引の二階建て**（現物取引で買っているのと同じ株を信用取引でも買うこと）の一点勝負をやって、これで負けたら仕方がないという、一か八かの勝負をやる投資家が多いのではないでしょうか？

そう思います。例えば、ある有名な個人投資家がメディアで「**資産が5億円になった**」と発言したとしましょう。
一般の人たちが思うのは、「**もうやめて、リタイアしたら？**」ということですよね？
でも、そこでやめないから、**生涯利益が50億円**とかになるわけです。
生活環境が人それぞれ違うのも大きいですが、ああいう人の感覚は、普通の人たちの感覚とは明らかに違います。

そうですね。

ただ、彼らから学べることは大いにあります。
まず1つは、**資産を増やす初期段階で、あまり分散**

投資をしないことです。
自分なりの投資の基準を持つことは大事ですが、基準に合うものが３つも４つも同時に見つかるとは思えません。
全資金を注ぎ込む必要はありませんが、あまり分散せずに、自信がある銘柄に勝負をかけるのは、僕は悪くないと思います。

その他に、彼らから何か学べることはあるのでしょうか？

あと彼らから学べるのは、**生活に関するムダを極力省いている**ことです。
例えば、株で作った資産でブランド物に囲まれた生活を送るわけでもなく、豪華なマンションを買うわけでもなく、彼らはまた**別の株に再投資**します。そこにブレがないから、資産をどんどん増やせるのだと思います。

いずれにせよ、この本の読者の方々には、失敗したら終わりという投資をしてほしくありません。
次に負けたら終わりという戦い方していると、長い目で見て、マーケットでは生き残れませんから。
そうした戦い方で生き残れるのは、ごく一部の博才がある人たちだけです。
普通の人たちがマネすると、**立ち直れないほどの大ケガ**をする結果になりかねません。

本当にそのとおりで、資産10倍を目指すにしても、極端なことをする必要はありません。
例えば、**1年間でテンバガーを取れそうな小型株に全資金を注ぎ込む必要はない**です。
時間をかけて、地道にやっていけばいいと思います。

デイトレードで資産を作ることは可能か？

2021年はグローバルウェイ（3936）の暴落、2022年はダブル・スコープ（6619）の急落などが話題になりました。
こうした事例から分かるのは、「短期間で儲かるなんて、そんなにうまい話はないよ」ということです。
「短期間で億り人になる」という類の本が流行っていますが、短期間で億り人になる人は、どこかで必ず胃が痛くなるような勝負をしているはずです。
たまたま、その勝負に勝ったというだけであって、そういう人たちは、単に博才があるだけではないかと思います。

博才も運もある人で、たまたまそういうケースもあるという話ですね。

「運用」だから、「運」は必要です。
「運を用いる」わけですけど、一方で、きちんとリスク管理ができていないとダメだと思います。
例えば、私はデイトレードを否定するつもりはありませんが、一方でデイトレーダーは投資家ではないと思っています。
毎日のように株価とにらめっこして、多くの取引を繰り返している。その姿は投資家というよりも、労働者です。
デイトレードは「**売買という労働をしている**」と私はとらえています。

普段、話を聞いていると、中原さんはデイトレードをしていないですよね。実際に、今日のこの対談は朝の8時半から行っています。

8時半からの対談だと、9時の寄り付きに間に合わないので、デイトレーダーだったら絶対に断りますよね。
そこが**投資家と投機家の違い**だと思います。

投資をする、しないにかかわらず、一番大事なのは、日々の労働です。
投資というのは、「**日々の労働にプラスして、お金に働いてもらおう**」というのが基本的な考え方になります。
言うなれば、「**労働**」**と**「**投資**」**という2本の柱**があるわけです。
でも、デイトレードというのは、それ自体が労働と同じです。
他の労働をせずにデイトレードをするというのは、デイトレードが好きな人でないと、なかなかできないことですよね？

そう思います。だから、デイトレーダーの中には、東証のことを**「パーラー東証」**と呼んでいる人たちもいますよ（笑）。
要するに、「**東証は朝9時に開店するパチンコ店と変わらない**」という認識です。
そういう人たちにとっては、「**IPO銘柄**」＝「**パチンコの新台**」です。朝イチから新台に突撃します。
そうしたパチンコ感覚の投資を否定するつもりはありませんが、そうなってしまうと、もはや再現性も合理性もありません。

楽しいからやっているんですよね？　私にはそのあたりの感覚がよく分かりません。

デイトレードの方が、リスクが低いんですよ。

それは分かります。

ポジションを持っている時間を短くすればするほど、リスクは下がります。
例えば、一部のヘッジファンドがアルゴリズムで高速の売買を繰り返すのは、**ポジションを持っている時間が数秒だと、ほぼリスクがゼロ**だからです。
そう考えると、たしかに合理的な面もあるのですが、**人間が同じことをやろうとすると、どうしてもスピードが落ちてしまいます。**
にもかかわらず、スピードを武器に稼ごうとするのは、何か不毛な感じもしますね。

そのとおりですね。

あとは**デイトレードが好きな国民性**もあると思います。
中原さんは、テレビ東京のNewsモーニングサテライトをご覧になりますか？

いえ、ほとんど見ません。たまに早起きをした時に見る程度です。

先日、この番組のトレーダーズvoiceというコーナーで**87歳の現役デイトレーダーである個人投資家**が紹介されていました。
資産16億円で、毎日デイトレードをしているそうです。すごいですよね。
印象的だったのは、アナウンサーの「売却益で少し楽をして生活したいと思わないか？」という問いかけに対して、「**楽をしたいとは思わない。トレードが好きだから**」と語っていたことです。

やっぱり好きなんですよ。僕はああいうお爺さんになりたいと思いました。中原さんはいかがですか？

いや～、どうですかね。私は87歳で現役はちょっと厳しんじゃないかなと思っています。
それはさておき、**デイトレードをする若者の中には、短期間で稼がなければならないという、何か焦りのようなものがあるのでしょうか？**
最近の若い人たちを見ていて思うのは、**将来の不安が我々の世代よりも強い**ということです。私自身が20代の頃は、老後の心配などは一切していませんでした。
20代から老後の心配をしなければならない人生というのは、何か虚しい気もします。

一時期、**老後2000万円問題**が話題になった時期がありましたよね？　その時期に、女性誌が特集を組んで、セミナーを開催することになったんです。
僕はそのお手伝いをしたのですが、100人ぐらい入る会場で、参加者はほぼ20代の女性でした。
「こんなに若い女性たちが、今から老後のことを心配しているのか」と思い、衝撃を受けました。
「老後2000万円問題」の是非は置いておいて、そうした金融庁の煽りが、投資意識を広げるきっかけになった気もします。

私がファイナンシャルアカデミーの講師をやっていて感じるのは、「**最近は若い女性が本当に増えたな**」ということです。
やはり老後2000万円問題がきっかけで、投資に対する関心が高まっているんでしょうね。だから、簡単な投資詐欺にも引っかかったりしてしまうのだと思います。

でも若いということは、それだけ**時間も可能性もある**ということです。
最初は少ない金額でいいから、投資スキルを磨きながら、少しずつお金を運用していけばいいのではないでしょうか？
焦って稼ごうとする必要はありません。

僕もそう思います。

資産を10倍に増やす「NISA活用法」

この本の読者の中には、NISAを活用している方も多いと思いますので、NISAについても触れておきたいと思います。
2024年から新しいNISA制度が始まります。
つみたてNISAが「**つみたて投資枠**」、一般NISAが「**成長投資枠**」となり、**それぞれ年間の投資上限額が120万円と240万円に拡充**されます。
今までは、つみたて投資枠と一般NISA、どちらかしか選択できませんでしたが、新しい制度では、**これらの併用が可能**になります。
ちなみに、NISAの個別株投資では、どのような銘柄が人気があるのでしょうか？

NISAで人気があるのは、**JT**（2914）、**武田薬品工業**（4502）、**三菱UFJフィナンシャル・グループ**（8306）あたりですね。
その前は、**すかいらーくホールディングス**（3197）が人気でした。株主優待狙いです。
いずれにせよ、NISAで人気がある銘柄の共通点は**「知名度がある」「潰れなさそう」「高配当」**といったところ

図⑥ 新しいNISA制度

	つみたて投資枠	成長投資枠
	併用可	
年間投資枠	120万円	240万円
非課税保有限度額	1800万円（成長投資枠は1200万円。枠の再利用が可能）	
非課税保有期間	無制限	無制限
口座開設期間	恒久化	恒久化
投資対象商品	金融庁の基準を満たした投資信託・ETF	上場株式・投資信託など
対象年齢	18歳以上	18歳以上

〈参考〉現行NISA

	つみたてNISA（2018年創設）	一般NISA（2014年創設）
	併用不可（どちらかを選択）	
年間投資枠	40万円	120万円
非課税保有限度額	800万円	600万円
非課税保有期間	20年	5年
口座開設期間	2023年まで	2023年まで
投資対象商品	金融庁の基準を満たした投資信託・ETF	上場株式・投資信託など
対象年齢	18歳以上	18歳以上

（金融庁のホームページより作成）

かなと思います。

資産を増やすという点で、これらの銘柄への投資はどうなのでしょうか？

たしかに、**これらの銘柄が何倍にもなるイメージは湧かない**ですね。
でも、株式投資には、どうしてもリスクがあります。
個人によって取れるリスクは異なりますから、リスクを軽減するために、**キャピタルロス**（資産の下落による損失のこと）のリスクを**インカムゲイン**（株式の配当金など、資産を保有することで得られる収入のこと）でカバーするという発想自体は、そんなに悪くないと思います。
NISA を活用する場合、中原さんなら、どのような戦略をオススメしますか？

例えば 2000 年の頭から、毎月 1 万円でも 3 万円でもいいんですけど、**S&P500 に連動する ETF**（Exchange Traded Fund の略で、日経平均株価や S&P500 などの指数に連動するように運用されている投資信託の一種）に投資をし続けたとします。
その積み立てが 2022 年までにどれぐらい増えているのかと言うと、**だいたい 3 倍ぐらい**になっているんですよ。
だから**積み立てをやりながら、一方で個別株に投資をする 2 本立てが良い**と思います。
積み立ての 3 倍（とはいえ、今後の 20 年も 3 倍になるという保証はない）**に個別株のプラスアルファができれば、資産 10 倍は、そんなに高いハードルではありません。**
それが、これからの投資家にとっては、**一番安全な方法**だと思います。

積み立てだけでなく、個別株にも投資をしながら、資産10倍を目指していくということですね？

はい。2022年のロシアのウクライナ侵攻によって、**今後はアメリカと中国のブロック経済圏が進む可能性が高い**です。
そうすると、世界的に成功してきたグローバル企業、特に**GAFAMなどは、これから稼ぎづらい環境になる**と思います。
少なくとも、**今までのような利益成長はできなくなる**と予想しています。
そうなってくると、NYダウ、ナスダック、S&P500などのアメリカ株は、今後、過去20年と同じパフォーマンスを達成できるとは限りません。少なくとも、過去10年間と同じパフォーマンスを出せるかと言うと、私は出せないと思っています。
そうなると**積み立て投資も、今までのようなパフォーマンスが出づらくなります。**
しかし、**その分を個別株の投資で補填していくことは十分可能**だと考えています。

何か注意点はありますか？

新NISAの投資対象からは除外される見込みですが、1つ注意点として挙げておきたいのは、**レバナス**です。
レバナスというのは、**ナスダック100指数に対して、投資成績が2倍になることを目指す投資信託**のことです。
アメリカ株が最高値を更新した直後の2021年冬場には、個人投資家の間でだいぶ人気化したようですね。

2021年11月に楽天投信が運用を開始した「**楽天レバレッジNASDAQ-100**」が、すごい流行りました。

注意しなければならないのは、証券会社は、投資家目線ではなく、「**今、何を売ったら一番売れるか**」を考えて、商品を作っているということです。
彼らからすると、一番大事なのは、営業をしなくても売れること、コストをかけなくても売れることです。
そして、売れているということは、**だいたい株価が高い時**なんですよ。

実際、2021年からレバナスを始めた人は、だいぶやられていますね……。

やられているでしょうね。
そもそもレバナスは長期投資には向きません。
なぜなら、レバレッジが効くということは、**その分のコストを投資家が負担し続けなければならない**ということだからです。
積み立て投資をする時には、できるだけコストがかからない商品を選ぶという視点が不可欠です。
さらに積み立て投資は、少なくとも10年ぐらいのスパンで見てみないと、それが正しかったかどうかは分からないものです。レバナスに投資をして、1年ぐらいで判断するんだったら、投資はやめた方がいいと思います。

そのとおりですね。他に何か注意点はあるでしょうか？

NISAで個別株に投資をする場合、いったん大きく上がった中小型株、例えば2倍や3倍になった銘柄を買うのは、基本的

にやめた方がいいと思います。
それよりも、自分でしっかり調べたうえで、**誰も注目していないような中小型株を買った方が安全**だと思います。
もちろん、大型株でないと安心できないという人もいるでしょうから、**高配当の大型株で固めるのもアリ**だと思います。
このあたりを、岡村さんはどのように考えますか？

僕は全部が全部、大型株である必要はないと思います。
「これは」と思う中小型のグロース株があれば、NISAで買って、放置しておいてもいいと思いますよ。いざ利益が出た時に、非課税だったら、おいしいじゃないですか。

たしかに、大きなリターンを狙うとしたら、中小型株の方がリターンは大きいですね。
ただ、**中小型の企業の場合、何かの拍子に経営が傾いてしまう可能性**があります。
例えば、新しいイノベーションが起こって、強力な競争相手が現れた時に、経営が傾いてしまう可能性もあるわけです。
そこはリスクとして意識しておかなければなりません。
あとはできれば、**投資対象は海外に展開していく企業の方が好ましい**です。
日本国内だけだと、これから人口が減り、どうしてもマーケットが縮んでいくからです。
でも、中小型株で、なかなかそういう企業はありません。
このあたりを、どう考えるかですね。

グロースとバリューで考えた時に、**バリュー株は言葉のとおり、割安株**です。

割安株ということは、裏を返せば、何倍にも値上がりすることはないということなんですよ。
もちろん、金利が上昇する局面では、グロース株に行きにくいため、避難先として、バリュー株にお金が向かうターンが来ることもあります。
でも、それにも限界があります。
例えば「**PBR（株価純資産倍率）が0.7倍で安いから買う**」となると、PBRが**0.9倍**になれば、割安感が薄れて、たいして割安ではなくなってしまいます。つまり、**アップサイドが限られる**ということです。
アップサイドが限られるということは、要するに、大化けすることもないということです。
だから少額から始めて、資産を増やしたい人は、**中小型のグロース株で自分が「これだ」と思うものを見つけて、その株を長く持った方がいい。**それが僕の考え方です。

なるほど。

いずれにせよ、「大きく成長するだろう」と思って買っても、**日々の値動きを見ていると、どうしても売りたくなってしまうのが人間心理**です。
「NISAで買ったグロース株は放置」と決めて、そのままほったらかしにしておいてもいいのではないでしょうか？

そうですね。株価が少しでも上がると、すぐに売りたくなってしまう。悪い癖かもしれませんね。
行動心理学の観点から言うと、人間には、利益を早く確実なものにしたい一方、損失は先送りしたい傾向があります。

一番良くないのは、売る時に、買った理由と違う行動を取ることだと思います。
例えば、「この会社は業績が伸びそうだ」と思って買ったのに、決算を待たず、少し上がったら利食ってしまう人っていますよね？
そうなると「**業績は関係ないじゃん**」って話になるんですよ。
「決算を待てないなら、業績で銘柄を選ばなくてもいいじゃないか」と思います。
そもそも、何を理由にその株を買ったのか？
その点を明確にして、出口で訳の分からない行動を取るのだけはやめた方がいいです。
例えば成長性を見込んでNISAで買った銘柄なら、その成長シナリオが崩れるまでは、持っているべきだと思います。

経済誌やアナリストのレーティングは当てにならない！

少し話題を変えましょう。
銘柄選びをする際、**著名な情報誌**を参考にしている方も多いのではないかと思います。
ですが、最近、私が感じているのは、昔と比べて、こういった情報誌の質が低下しているのではないかということです。
だから、ファイナンシャルアカデミーでも**「情報誌を当てにしてはいけない」**という話をしているのですが、専門家の間で、そのようなことを公言する人を見たことがありません。
逆に礼賛する専門家がいたりして、「私の気のせいなのか？」と思ったりする時もあります。

いえ、一概にそうとも言い切れないと思います。

その要因の１つとして、**東証に上場する企業の数が年々増えている**ことが挙げられます。
上場廃止になる会社が毎年、何社かありますが、それを差し引いても、**年間 80 社**ぐらいのペースで上場企業の数は増えています。
そうすると単純に計算しても、**直近の 15 年間で 1000 社以上、上場企業の数は増えている**わけです。

15 年間で 1000 社以上の純増は、けっこう多いですね。

はい。その一方で、**新聞社や出版社の記者の人員は増えていません。**ですから、膨大な数の上場企業をカバーしようとすると、どうしても**外注に頼る部分**が出てきてしまいます。
数少ない記者で、膨大な企業数をカバーしなければならないため、あまり調べずに書かれている記事が増えているのかもしれません。

なるほど、そうした事情があるわけですね。
当てにならないという点で言えば、**証券会社のアナリストが出すレーティングも全く当てにならない**と思いますが、この点はいかがでしょうか？

アナリストのレポートの文章は素晴らしいものが多いのですが、そもそもほとんどの人が文章読まないですよね。
レーティングと目標株価だけをチェックして、それを当日の株価材料にするといったところではないでしょうか？
アナリストの大外しで、2022 年で一番強烈だったのは、あるグロース株の目標株価変更です。
50600 円の目標株価が 4500 円に変更されました。

実に**10分の1以下**です……。

50600円が4500円ですか？　それはひどいですね。
どうして、そのようなことが起こるのでしょうか？

アナリストの目標株価というのは、なぜその目標株価にしたか、**その根拠となる計算式**を出さなければなりません。

数年先の予想EPS（1株当たり純利益）×妥当と考える予想PER（株価収益率）

例えば、上記の式で計算しますが、まず「**数年先の予想EPS**」**が大いに不確実**です。
というのも、グロース株の場合、3年先や5年先の業績をアナリストが予想しますが、**当該企業ですら予想が難しい数字**ですから、かなり不確実です。投資家からすれば、**「3年先なんかどうでもいいから、今期の予想だけでも当ててくれよ」**というのが本音ではないでしょうか？
また「**妥当と考える予想PER**」には主観が入ります。
例えば「妥当な予想PERは70倍」とレポートに書いてあると、
「**なんで70倍が妥当だと言えるの？**」と思ってしまいます。

要するに、**アナリストのさじ加減1つで、数字はいくらでも作れる**ということですね。

そういうことです。
なぜ、彼らがこじつけのような計算式を持ち出すのか？

その理由を簡単に説明すると、彼らの場合、例えば「チャート見ていると、5000円ぐらいまではいけそうだから、目標株価を5000円にします」では、**社内のコンプライアンス**に通りません。
では、どうするのかと言うと、社内のコンプライアンスを通すために、それらしい計算式を持ち出して来て、自分の目標株価に合理的な根拠（らしきもの）を準備する必要があります。
その結果、**実勢と合わない目標株価が世の中にリリースされる**ことになってしまいます。

こうしたレーティングの結果検証はどうなっているのでしょうか？
結果検証がなされなければ、目標株価が当たっても外れても、アナリストの給料は変わらないということになりますよね？
レーティングの当たり・外れは、アナリストの成績に全く反映されないのでしょうか？

目標株価のとおりに株価がなったか・否かの細かい検証は、行われません。
アナリストの成績・給料という点で言うと、国内証券の場合は、**日経ヴェリタスなどのアナリストランキング**が重視される傾向があります。
ランキングの投票権は、運用会社や地銀などの機関投資家が持っています。
このランキングで上位に入ると、転職に有利になったり、給料が上がったりします。
アナリストは、プロ野球選手に似ている部分があって、ランキング上位で他社からスカウトされるレベルになれば、給料がびっくりするほど高額になります。

日経ヴェリタスのアナリストランキングは、どのようにすれば上がるのでしょうか？

まずは**自分の名前をどう売るかが肝心**です。
どうやって名前を売るのかと言うと、名前を売るためには、機関投資家の人たちに印象づけるようなレポートを書かなければいけません。
では、「**機関投資家に印象づけるレポート書きたい**」と考えるアナリストがどんなレポートを書くのかというと、その時に対象になる銘柄は、どうしても勢いよく株価が上がっていたり、**視聴率が高い人気銘柄**になってしまったりしがちです。
人気のない、誰も取引をしないような銘柄のレポートを書いても、注目してもらえませんから。

なるほど。

2021年で言うと、象徴的だったのは**海運株**ですね。
それまで海運株をカバーしているアナリストは、ほとんどいませんでしたが、海運株が勢いよく上昇すると、**その上昇を後押しするレポート**が次々に出されました。

私の中では、**レーティングの数が増えれば増えるほど、株価の予想が外れる確率が高い**という印象があります。
ですから**レーティングの数が多く、アナリストが褒めすぎているような銘柄は、投資対象として危険**だと感じています。
これは私の感覚が正しいということでしょうか？

ケースバイケースですが、そうかもしれないですね。
彼らは、勢いよく上がっている銘柄、つまり**モメンタム**（相場の方向性や勢い）が強い銘柄の最終段階の動きを、さらに助長するレポートを書きます。
「**もっと上へ**」「**さらに上へ**」というバイアスになって、**どうしても上方向へのミスプライスが起こりやすくなる。**
目標株価を高く設定するので、企業が出している業績予想よりも、さらに上の業績予想を出します。
だから、**コンセンサス**（アナリストの業績予想の平均値）**がものすごく高くなる傾向**があります。

例えば、アメリカなどは状況が異なるのでしょうか？

アメリカには、**空売り銘柄を推奨するアナリスト**もいるんですよ。
アナリストの業績予想のバランスが取れているので、いざ企業の決算が出ると、「**コンセンサスを上回った**」というニュースがけっこう出ます。
でも、**日本の場合、もともとのコンセンサスが高すぎるので、企業の業績がアナリストのコンセンサスを下回る方が多くなってしまいます。**

なるほど。「レーティングの数が多いと、株価予想が外れることが多いな」と感じていたのですが、その理由がよく分かりました。

大事なので繰り返しますが、人気化して、投資家の視聴率が上がっている銘柄ほど、アナリストはレポートを書こうとします。
だから、同じような銘柄にレポートが集中することになる。
各社のアナリストが追随して、目標株価をどんどん釣り上げて

いくので、どうしてもミスプライスが起こりやすくなります。
だから、**そうした銘柄には注意**が必要です。

アナリストが褒めている銘柄というのは、株価が上がっている時は良いのですが、いったん株価が下がってくると、**怒涛のレーティングの引き下げ**が行われますね。
あれは見ていて、いつもひどいなと感じています。

そこは、アナリストの「**次の行動**」に焦点を当ててみると、分かりやすいと思います。
例えば、レーティングが弱気の場合、次の行動は**レーティングの引き上げ**しかありません。
弱気が中立に引き上げられれば、「**空売り指令していた銘柄を買い戻そう**」という内容のレポートになりますから、株価は上昇しやすくなります。
一方、全社が強気に傾いている銘柄は、どこかが目標株価を下げて、レーティングを引き下げるかもしれません。それに身構える必要があります。
アナリストが褒めている銘柄というのは、投資家の注目を集めやすいなど、良い側面もあります。
しかし、見方を変えると、**「評価が低下するリスクが他の銘柄よりも高い」**という負の側面があることも、しっかり覚えておいてほしいですね。

目標株価の引き下げも、アナリストが目立つためにやっているのでしょうか？

そうした側面もありますが、一番の理由は、**目標株価と実際の株価が合わなくなる**ことです。

だから実際のところ、**目標株価というのは、実際の株価を後追いしている側面が強い**です。

アナリストが目標株価を煽ったり、実際の株価の後追いになったりしてしまうのは、仕方がないのでしょうか？

彼らの心理を考えると、仕方ないと思います。
先ほどもお話ししたように、彼らは日経ヴェリタスのランキングに入るために、どうしても票が欲しい。自分に票を入れてもらうためには、目立つ必要があります。
目立つためには、人気のない銘柄ではなく、例えば**任天堂（7974）のような華のある会社のレポートを書き、ものすごく高い目標株価を設定して、「このレポートは何だ？」と思われる方が良い**わけです。
そうした形で目標株価の設定が行われるのは、彼らの仕事上、仕方のない面もあるのですが、株式市場にとって、それが**ノイズ**になってしまうこともあるかもしれません。

そのように考えると、買い煽り、もしくは売り煽りに繋がりかねないアナリストのレーティングは要らないですね。
これから金融教育を広めるにあたって、弊害にしかならないですから。

何らかの指標は必要なので、アナリストの投資判断は必要だと思います。
ただ、目標株価を大幅に引き下げる際のアナリストのレポートの書き方には、もう少し文章に人間味が欲しいですね。
例えば「**今回の業績で、かつて我々が感じていたほどの成長性を感じられなかったため、目標株価を引き下げるものとする**」

といった上から目線の書き方をします。
そうではなく、「すみません、予想が大きく外れてしまったので、目標株価を引き下げます」とでも書けば、好印象を持たれるのではないでしょうか？

たしかに、そうかもしれませんね。

しかも、こういうレポートはたいてい、企業が業績を下方修正したあとに出されます。
事前に下方修正を察知して、「危険だ」というレポートをいち早く出してくれるのなら、「さすがアナリストだな」と思いますが、そうではないんですよね。
企業が業績を下方修正したあとに、目標株価を引き下げるレポートを出されても「もうみんな知っているよ」という話です。
腹が立ちますよね（笑）。
そんなレポートを書くアナリストでも、年収で数千万円の世界です。うらやましい限りです。

楽な世界ですね（苦笑）。

もう１つだけ付け加えておくと、アメリカと違い、日本株はアナリストのカバー率が圧倒的に低いです。

次のページへ➡

図⑦【市場別】アナリストの調査対象状況（2023年3月20日時点）

	プライム	スタンダード	グロース
アナリストカバー社数	1120銘柄／1835銘柄	102銘柄／1345銘柄	101銘柄／511銘柄
アナリストカバー率	61%	8%	20%

アメリカでは、独立系のアナリストが広範囲の銘柄をカバーしていますが、日本には独立系のアナリストがあまりいません。だから、**企業の評価を経済情報誌などに頼る形**になるのですが、先ほどもお話ししたとおり、情報誌の記者が細かく取材をして書くわけではありません。だから、**信頼性の高い第三者の業績予想が、日本の中小型株には少ない**です。
特に**スタンダード市場**は、アナリストがカバーしている会社数があまりに少なく、**非常に割高、もしくは非常に割安でミスプライスを付けていそうな銘柄がけっこうあるのではないか**と考えられます。この点はデータを交えて、また明日にでも、詳しくお話ししたいと思います。

なるほど。いずれにせよ、岡村さんからお話を伺い、なぜ経済誌の情報やアナリストのレーティングが当てにならないのか、その理由がよく分かりました。
経済誌の情報やアナリストのレーティングが当てにならないなら、**資産を10倍に増やすための銘柄を選ぶ際に、我々はどのような視点で銘柄を選べばいいのでしょうか？**
明日は、その点について、岡村さんと議論を交わしたいと思います。

2日目

2日目

お金を10倍に増やす株の見つけ方

～「大化けする銘柄」の共通点とは？～

なぜ、オリエンタルランドはコロナ禍で買われたのか？

本日は、**資産を10倍に増やすために、どのような視点で銘柄を選べばいいのか？**
この点について、岡村さんと議論を交わしたいと思います。
早速ですが、**2022年はグロース株が売られる展開**になりましたね。

そうですね。**次にいつグロース株が買われるターンに入るのか？**
現時点では分かりませんが、いざ買われるターンに入った時に、しっかり買われる「クオリティ」を持つ会社かどうかが重要だと考えています。
売買の基準として、**PER（株価収益率）**を用いる人も多いと思いますが、PER20倍で買われない株もあれば、PER70～80倍で許容されている株もあって、明確な基準はありません。

ただ、いくら成長性があるからと言っても、**エムスリー（2413）やレーザーテック（6920）のPERが一時的とはいえ、優に150倍を超えていたのは異常**だと思います。
実際に、2021年初めにエムスリー、2022年初めにはレーザー

テックのPERの高さに、私は警鐘を鳴らしていました。

また**2021年5月下旬から、マザーズ市場の異常な割高さについて、スクールなどで警鐘**を鳴らしてきましたが、**同年の秋からマザーズバブルは見事に崩壊。**多くの個人投資家が苦境に陥ることとなりました。

図⑧ 東証マザーズ指数　月足　2020年1月～2023年3月

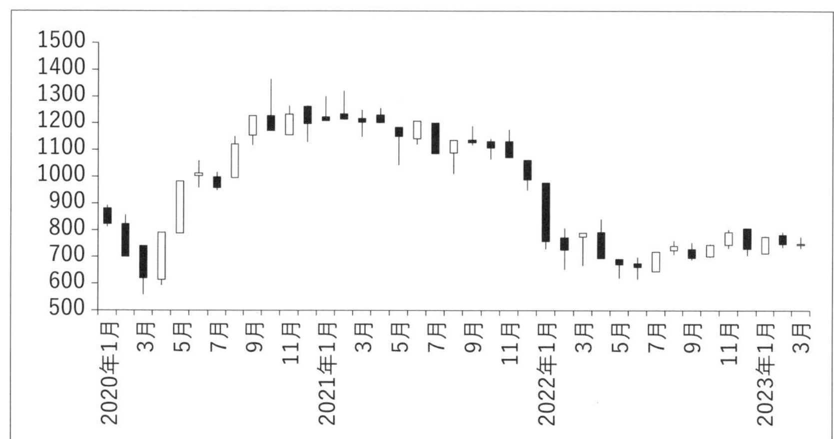

たしかにPER100倍超えは高いかもしれませんが、その他の視点として、**クオリティを持っているか・否かが大事**だと思います。

何か具体例があれば教えてください。

一番分かりやすいのは、**コカ・コーラ**ですね。コカ・コーラは投資の神様として有名な**ウォーレン・バフェット**さんが大好きなことでも知られています。

©Stephen Smith
Sipa USA / amanaimages

「コーラを飲む幸せは、健康の心配に勝る。だから、みんないつまでも飲むだろう」と考えて、彼自身がずっと投資を続けてきました。
実際に成長して、毎年増配をしてきた会社ですが、グロース株を選ぶ際にも、そういう感覚が重要だと考えています。

コカ・コーラは分かりやすいですね。
炭酸飲料の分野で、コカ・コーラと向こう張って、真っ向勝負できる企業はありません。

「今は必要」という会社って、たくさんあるんですよ。
例えば、PCR の検査キットを作っている会社ですね。コロナ禍では必要だけど、**「10 年後も必要か？」**と言われれば、コロナ禍が収束していれば、必要ないですよね？
同様に、すごいヒットしたゲームが 1 本あって、それで上場した会社の場合、10 年先もその状態を維持できているのかと言えば、難しい気がします。
もちろん、上場したこと自体はすごいことですけど。

コカ・コーラがすごいのは、**特許を取らなかったこと**ですね。
特許は 20 年経つと、他の会社にも使われてしまいますが、コカ・コーラのレシピは、本社のトップクラスにしか分からないところに保管されています。
そうした点で言うと、**ヤクルト（2267）**も同じですね。
ヤクルト菌のデータも、特許ではなくて、本社に厳重に保管されています。

そうですね。だから、ヤクルトは**グロース評価**を受けていて、株価も高いです。

これは「ヤクルト1000が売れたから」というレベルの高さではありません。
これが、いわゆる「**クオリティ**」です。言い換えると、「他に代わるものがない」とも言えます。

堅実に投資をしていこうと思ったら、やはり**クオリティから生まれる競争優位性は大事**ですね。
例えば、「アメリカで圧倒的に競争優位性がある企業はどこか？」と聞かれたとしたら、私は「**ディズニー**」と答えます。
ミッキーマウス、白雪姫、アラジン、ここ10年ぐらいでアナと雪の女王も加わりました。
こういうキャラクターは、10年後も20年後も、おそらく100年後も生き続けて、**コストをかけずに稼ぎ続けてくれる**わけです。
ディズニーには稼いでくれるアプリケーション、手段がいくつもあって、その1つが日本の**オリエンタルランド（4661）**ですね。

オリエンタルランドが他の株と圧倒的に違うなと思ったのは、**コロナ蔓延時**です。
けっこう長い間、閉めていたじゃないですか。
長い間、閉めていたのに、**時短営業が始まったら、最高値を取り始めた**んですよ。
コロナ禍の真っ最中で、売上が減少し、赤字の状態。PERもマイナスで、表示できない状態だったのにもかかわらず、です。
本当にかけがえのないもの、クオリティの高いものに対しては、**リスクが高いと感じられる時でも、相対的にそこに向かおうとするお金がある**ということです。

図⑨ オリエンタルランド(4661) 週足 2020年1月～12月

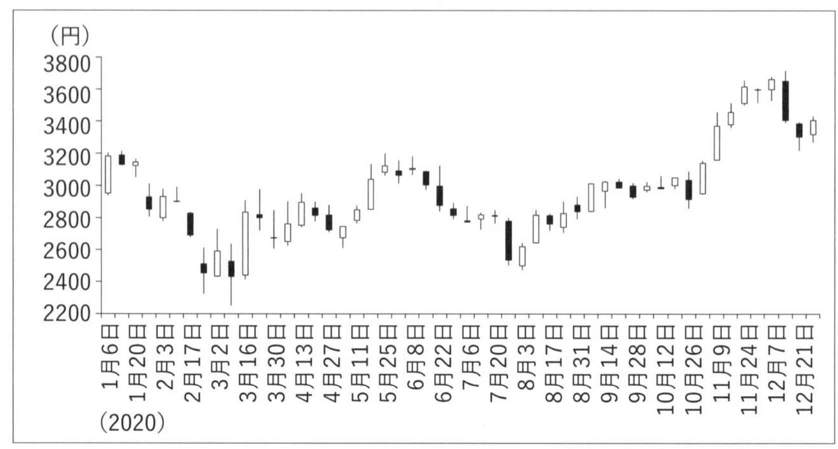

オリエンタルランドの立ち直りが早かったのは、株価が安くなった時に、**バフェットさんのような思考を持った投資家がたくさん買った**ということでしょうね。

そう思います。
安くなった時に、そういうクオリティの高いグロース株を仕込む投資家が、最終的には成功するんだと思います。
これからも世界の人口は増えていくわけですから、コカ・コーラやディズニーはまだまだ稼げます。
つまり、**まだまだ伸び代がある**ということです。
バフェットさんがコカ・コーラを選んだように、「**10年後も変わらずに必要とされているものか？**」を考え、その予想をベースに銘柄を選ぶ。そうした視点が大事ですね。

選ばれる銘柄が持つ「3つのポイント」

では、そういった競争優位性を持つのは、「日本株だと、どこなの？」という話になります。
そうした点で言うと、ここ数年のIPO銘柄では、**BuySell Technologies（7685、以下バイセルと表記）、グローバルスタイル（7126）、壽屋（7809）などに注目**していました。
ちなみに2022年はグロース市場に逆風が吹いた1年で、グロース市場の銘柄は軒並み下落しました。株価が落ちて、戻ってこない銘柄も多い中で、これらの銘柄は**2022～2023年に高値**を取ってきました。
例えば、**ココペリ（4167）やFRONTEO（2158）**など、**逆テンバガー状態**で、株価が戻ってこない銘柄が多い中、これは本当にすごいことだと思います。

図⑩ バイセル(7685)　週足　2022年1月～12月

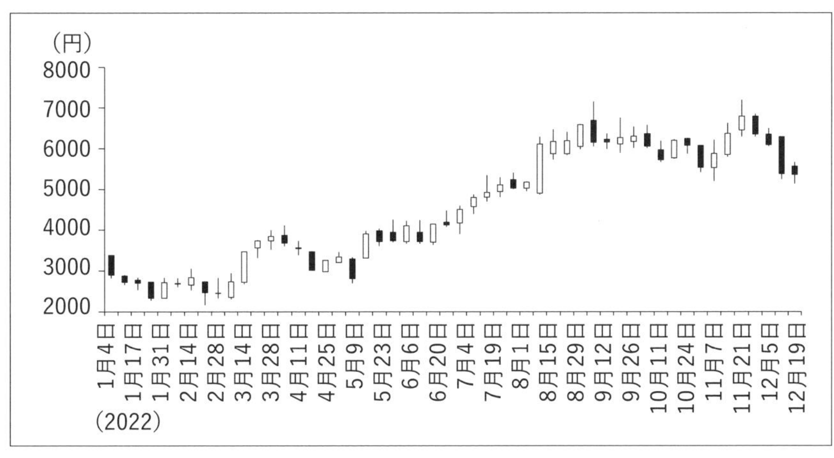

たしかに**逆行高ってすごい**ですよね。

例えば、**なぜバイセルが強かったのか？**
この点を岡村さんと私で深掘りすることで、この本の読者の方々が**銘柄選びをする際のヒント**を炙り出せればと思います。
岡村さんは、バイセルのどこが市場で評価されたのだと思いますか？

例えば、家の郵便ポストを開けると、「**出張訪問で不要品を買い取ります**」というチラシが、たまにポスティングで入っていることがありますよね？
中原さんは、そういう業者を簡単に自宅に招き入れますか？

いえ、嫌ですね。**何か怪しいし、騙されそう**なので。

そうなんです。はっきり言って、怪しいんですよ。
そういう業者に任せると、家の中にある「価値あるもの」を、安く見積もられてしまいそうじゃないですか。
だからこそ、常々、あの業界には**クリーンなイメージが必要**だと僕は思っていました。
そんな中、上場企業として登場したのがバイセルです。
クリーンなイメージが必要な中で、上場企業であるというのは、強いですよね？

たしかに、そうですね。

しかも**CMに木村佳乃さんを起用**しました。うまいですよね。
すごい好印象の方ですから。木村佳乃さんなら、どうやったって、視聴者にクリーンなイメージを植え付けることができるじゃないですか。
この時点で、「**他社よりも優位に立てるんじゃないか」という**

仮説が成り立ちます。

今、岡村さんから「仮説」という重要なキーワードが出ました。この点については、またのちほどお話ししたいと思います。
話を戻しますが、クリーンなイメージだけでは、バイセルは勝てませんよね？

もちろんです。バイセルの優位性はクリーンなイメージだけではありません。
例えば、中原さんが自分の家にある「価値のあるもの」を売りたい場合、どこで高く買ってもらえるか、自分で調べるのではないでしょうか？

そうですね。**メルカリ**（4385）とか**大黒屋ホールディングス**（6993）とか、いろいろありますよね。

そうですよね。我々の世代は「**メルカリで高く売れるんだったら、そっちに売ろう**」といった形で、値段を重視しますよね？
一方、バイセルは、そういう人たちを相手にしません。
例えば、若い人の場合、その場でスマートフォンをチェックして、「**こっちの方が高く買い取ってくれるんだけど**」とクレームをつけたりしますが、バイセルはそうした価格比較を自発的に行う人たちを切り捨てています。

バイセルのターゲットは高齢者ですからね。

そうです。バイセルのターゲットは高齢者、特に終活をしている人たちです。

終活をしている人たちは「**家の中にあるものを早く整理したい**」というのが優先で、「少しでも高く売りたい」という願望が薄いんですよ。
ターゲットを年配の方々に絞り、**着物の買い取り**を入口にして、家の中に入っていきます。
そうすると、家の中に眠っている「価値あるもの」がいろいろと出てきやすい。そうした優位性もあります。

リユースの市場規模は増加傾向にありますが、正確な市場規模はどのぐらいなのでしょうか？

バイセルの資料によると、だいたい**3兆円市場**とのことです。
けっこう大きいですよね。
あと面白いなと思ったのが、日本にある隠れ資産、つまり2年以上使ってないものの資産は、合計で**37兆円**もあるそうです。

「家の中を整理したい」という需要は今後も変わらないでしょうし、バイセルがターゲットにしているシニア層は、これからますます増えていきます。
そう考えると、「この会社はたぶん10年後も活躍しているだろうな」と想像できますね。

そう思います。またバイセルの特徴として、**業績予想がしやすい点**も挙げられます。
2023年現在、バイセルは年間で**20万軒**ぐらいの出張訪問買い取りを行っていますが、年間で**約2万軒**ずつ増えています。
買い取りに行って、1軒あたりで得る利益は、だいたい**5万7000円**とのことです。

今後、1軒あたりの利益が増えるか、それとも減るかは分かりませんが、バイセルは**利益の30%を広告宣伝費**に使っています。
1軒あたり5万7000円の利益の30%ということは、だいたい**1万7000円が広告宣伝費**ということですね。

最近はあまりテレビCMを見ない気がしますが、気のせいでしょうか？

それは、時期によってコントロールしていると思います。
いずれにせよ、広告宣伝費が1万7000円なら、**1軒あたりの利益は4万円**です。
これが2万軒ずつ増えていくのであれば、例えば「**5年後にはこれぐらいの利益になっているだろう**」と想像できますよね？
つまり、**業績の予想が立てやすい**んです。
グロース株だと、CMを打って、赤字を掘りながらシェアを取りに行く会社も多い。
一方、バイセルは利益を出せる形がしっかりあって、予想される利益の30%でテレビCMなどをやると決めています。
ですから、広告宣伝費が予想以上に嵩んで、減益になることはありません。

ここまでをまとめると、**「競争優位性」「市場規模」「業績予想のしやすさ」**といった点が、バイセルの株価で評価されたポイントとして挙げられそうです。
こうした点は、**他の銘柄を選ぶ際にも、大きなポイント**になりそうですね。

そう思います。

シナリオどおりに成長できない会社は何がダメなのか？

それからバイセルを語るうえで、もう１つ欠かせない視点があります。
それは「**人の問題**」です。人を増やさないと、会社は成長できません。
人をどう増やすか？
この問題にどう対処するかが、**シナリオどおりに会社を大きくできるか・否かの１つの大きな分かれ目**になります。
実は、この問題が、**多くの旧マザーズ銘柄が伸び悩んでいる理由の１つ**でもあるんですよ。

どういうことか、詳しく教えてください。

例えば、多くのエンジニアを採用しないといけない事業で上場する会社が多いのですが、現在、**エンジニアの数は圧倒的に不足**しています。
圧倒的に不足している中で、奪い合っているから、給料が異常に高い。そうすると、人を増やしたくても増やせません。
仕方がないから「**社内で教育します**」とか言っていますが、そんなに簡単にできるわけがありません。

そうですよね。仮にうまく育ったとしても、自社のために、いつまでも働いてくれる保証はありません。より良い条件を求めて、すぐに転職してしまうこともありえます。

BtoC の事業、例えば **BASE**（**4477**）のような会社だと、仮に社員が少なくても、CM で赤字を掘りながら、シェアを取って

売上を伸ばしていくという手があるんですよ。
一般ユーザーの認知度・知名度を上げればいいだけなので。
でも、BtoC の事業よりも、**はるかに BtoB の事業の方が多い**んです。
その場合、**自社のサービスを使ってもらうためには、営業に行かないといけません。**
先方が勝手にホームページ見て、「採用したいです」と言って、向こうから来てくれるわけではありませんから。

そのとおりですね。

これは、例えば**学校のオンライン学習**が始まった時にも、同じ問題が起こりました。
どの学校も「**オンライン学習キットを入れよう**」と思っているから、営業に行きさえすれば、「使います」となりやすい。
でも、**肝心の営業に行く人員が不足**しているんです。
本当は人を採用しないといけないんですが、人を増やせない。
人を増やせないということは、つまり、**シナリオどおりに成長できない**ということなんです。
ハイテクの事業でも、人海戦術に頼らざるをえない企業は、けっこう多いです。

でも、それはバイセルも同じなのではないでしょうか？
バイセルも人海戦術で、出張訪問の数を増やしていかなければなりませんよね？

そのとおりです。ですが、バイセルの場合、**人を増やすのが比較的簡単という優位性**があります。
言葉は悪いかもしれませんが、出張訪問買い取りは、マニュア

ルに沿ってやるだけなので、**きちんとした身なりさえしていれば、誰でもできる**んですよ。つまり、人を採用しやすい。
人を採用しやすいということは、シナリオどおりに成長できる可能性が高いということです。

なるほど。それは面白い視点です。
今後、日本においては労働人口が減少していきますから、**人を増やしやすいか・否か**という視点は、これからますます重要になる気がします。

そう思います。だから、例えば新規上場した会社の社員が**25人から28人に増えていた**としましょう。
そうしたら、「**その3人はどの部署で採用したんですか？**」とIRに聞いてみるといいと思います。
この時、「上場したので、投資家対策として、IR部門を3人増やしました」と答えるなら、それは「成長要因とは少し違うかな」と思わざるをえませんよね。**成長のためには、きちんと営業を増やさないといけません。**

会社名は伏せておきますが、以前、**ある新興IT企業のサービス**を使ってみたことがあります。
正直、「もう二度と使いたくないな」と思えるようなサービスだったのですが、もっとひどかったのは**営業の対応**です。
分からないことがあったので、営業の方にメールで質問をしたのですが、その返信に1週間以上かかりました。
サービスも営業の対応もひどいので、すぐにそのサービスの利用をやめてしまいました。
こういう会社は、**いかにビジネスモデルが優れていたとしても、投資対象にはなりません。**

実際、その会社の株価は、**ピーク時の３分の１以下**になっています。

結局のところ、**人手不足**なんですよ。
IT企業の場合、優先されるのは、エンジニアの確保です。エンジニアが花形で、給料も高い。**営業はあと回し**ですから。

だから、営業の質が低いんですね。

そう思います。
いずれにせよ、**エンジニアを採らなければいけない会社なら、きちんと採用できる体制が整えられているのか？**
人海戦術で伸ばしていかなければならない会社なら、きちんと営業を増やす体制が整っているのか？
そうした点を、IRなどに確認して、きちんと見極めてほしいですね。

決算短信「見るべきポイント」とは？

自分の選んだ銘柄がシナリオどおりに成長しているのかどうか？　それを逐一確認するためには、**決算短信のチェック**が欠かせません。
私がいつもスクールなどで言っているのは「**勝ち組投資家になりたければ、必ず決算短信を読みましょう**」ということです。
経済情報誌って、どうしてもタイムラグがあるんですよ。
印刷のことを考えると、仕方がないのですが、**１〜２カ月は情報が遅い**です。
その間に、企業のIR情報は更新されていますから、決算があるたびに、その企業の最新の決算短信に当たるべきです。
その手間を惜しんではいけません。
ですが、こういう話をすると、初心者の方から「**決算短信のどこを見ればいいのか分からない**」という質問が飛んできます。
ちなみに、岡村さんはどの程度、決算短信をご覧になりますか？

僕の場合、仕事で原稿を書かないといけないので、事前に指示された銘柄の決算短信をチェックするようにしています。
それ以外にも、決算発表前に注目する会社を見つけておいて、午後３時に更新された時点で、すぐに見るようにしています。
そこで「おっ」と思うような決算であれば、**PTS**（Proprietary Trading System の略で、証券取引所を経由せずに株式を売買できる私設取引システムのこと）**をチェック**し、株価がどういう反応をしているのかを見ます。そこで「**自分の第一印象と株価の反応が近いかどうか**」を確認することを習慣にしています。

岡村さんなりの決算短信を見る際のポイントは、何かありますか？

僕の場合、決算短信を読み込むというよりは、**事前のイメージと実際の決算にどのような乖離があるのか**をチェックするようにしています。**大事なのは、数字の印象**ですから。
だから、「**今回の決算の数字はこれぐらいだろう**」とか「**市場ではこういう予想が事前に立っている**」というのを事前に把握したうえで、決算短信を見るようにしています。
もし事前のイメージと実際の数字にギャップがあるのであれば、「**なんでだろう？**」と自分の頭で考えてみたり、調べたりしてみます。中原さんはいかがですか？

決算短信の見るべきポイントを絞るとするならば、私は**営業利益がどのくらい伸びているのかが一番重要**だと思っています。実際、海外の長期投資家がチェックしているのも、営業利益がどれぐらい伸びているかです。
それから、それに付随する**純利益がどのくらい伸びているのかも重要**ですね。
経常利益でなく、純利益を見るのは、経常利益の場合、コロナの補助金や為替差益などが絡んでくるので、実際の数字が見えにくいからです。為替差益なんて、仮に円高になれば、すぐに減ってしまいますから。

その他に重視している点はありますか？

あと重要なのは、**営業利益と純利益が、通期の予想に対して、どのくらい進捗しているのか？**　この点も重要ですね。
これらの数字を決算短信でチェックするだけでも、だいぶ違うと思います。

「優秀な学生が就職する会社」に注目する！

さて、少し話を戻しますが、先ほど岡村さんから「**人が重要**」というお話が出ました。
人という点で言うと、**シンプレクス・ホールディングス**（4373）は非常に面白いなと思い、注目しています。
シンプレクスと言っても、あまり馴染みがないかもしれませんが、東京工業大学のホームページを見ると、「**(R1-R3）学士課**

程卒業生の主な就職先」（過去３年間で複数の学生が就職している就職先を上位から掲載）**のトップ**がシンプレクスです。
シンプレクスは、人にお金をかけているという点で、今後、有望なのではないかと思っています。

そうですね。特にベンチャー企業の場合、**就職先として、優秀な学生に好まれているというのは強い**ですよね。

私は、**若い人たちのモチベーションが大事**だと考えています。
例えば、数年前に**野村ホールディングス（8604）や電通グループ（4324）**が失速して、あれだけの大赤字を抱えてしまったのは、若い社員たちのモチベーションを壊してしまったからではないでしょうか？
業界のガリバーだって、方向性を間違うと、一気に凋落してしまうのが今の時代です。
今の時代、マンパワーの経営、根性気合いの経営では、若い人たちはついてきません。優秀な人ほど辞めてしまいます。
だから、会社を伸ばしていきたければ、今の若い人たちの価値観や考え方に留意をする必要があります。

今の若い人たちは、何を重視しているのでしょうか？

それはリクナビやマイナビといった就活サイトの統計を見れば明らかで、今の若者が重視するのは**「やりがい」**です。
やりがいがなければ、すぐに辞めてしまうんですよ。
この傾向は、優秀な大学の学生ほど強いです。
例えば、**東京大学の理系学生の就職先の変化**を見ているとよく分かります。
10年前や20年前だと、日立製作所や日本IBM、ちょっと変わったところだとGoogleあたりが人気でした。
ところが**最近の就職先は、私たちが名前も知らないようなベンチャー企業、スタートアップ企業が本当に多くなりました。**

なぜ、学生はそうした会社を選ぶのでしょうか？

おそらく、先に就職した先輩たちから情報を得ているのではないかと思います。「**大企業に就職しても、仕事がつまらないぞ**」と。
要するに、大企業に就職すると、会社の歯車の1つになってしまうんですよ。
それであれば、裁量権や責任を与えられて、やりがいがある、あるいは**自分のスキルを磨ける仕事に就きたい**というのが、今の若者の考え方なのではないかと思います。

なるほど。

結局、**企業の価値って、最後は人**なんですよ。
その点を踏まえたうえで、「**今の若い人たちがやりがいを持って仕事ができる企業はどこか？**」と考えた時に、「**シンプレクスは面白い**」と思いました。すごいしっくりきたんですよ。
この会社なら、若者たちがやりがい持って、ものすごく一生懸命働くのではないかと思いました。

シンプレクスは「**たくさん働けば、たくさん給料を出すぞ**」という感じですからね。
そうした点で言うと、**キーエンス**（6861）が一番ですが。

たしかにキーエンスは、日本で年収が最も高い会社のうちの1

つですからね。ただあまりに時価総額が大きいので、ここから5倍、10倍になるのは大変です。
一方、シンプレクスの場合、時価総額も小さいですし、まだそれほど名前も知られていません。

図⑪ シンプレクス(4373) 月足 上場〜2023年3月

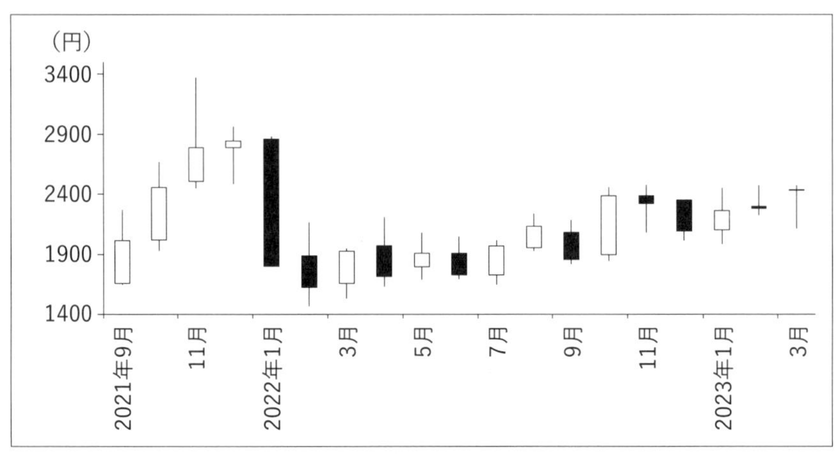

シンプレクスは**上場した時の株価が安かった**ですからね。
シンプレクスが上場したのは2021年の後半ですが、その前の2020年から2021年前半にかけては、かなりのバブルで、公募価格が高い状態でした。
新規上場する会社の株価は「**類似業種比準方式**」で決まります。
似たような会社を10社ぐらい見つけて、そこから異常値を抜いて、**8社ぐらいの平均値**を取ります。
この方式で、多くの上場会社は最初の値段を決めます。

市場の地合いが良すぎると、スタートの値段が上がってしまうわけですね。

そのとおりです。市場の地合いが良すぎて、スタートの値段が高くなってしまうと、その後の上昇余地が限られてしまいます。
そうすると、株価上昇の恩恵を受けられる人が、上場前から持っている人とか、一部の人たちに限られてしまうんですよ。
一方、**市場の地合いが悪くて、低い値段から始まれば、その分、上昇余地が大きい。**
会社の成長が株価に織り込まれていく過程で、**あとから買った人たちも恩恵**を受けることができます。
そうした意味で言うと、市場の地合いが悪い時に上場した会社の方が、スタートの値段が安くなるので、投資先としては理想的です。

IPO 銘柄の場合、**上場時の市場環境も投資の１つのポイント**になりそうですね。

日本に数少ない「オンリーワンの会社」に注目する！

さて、ここまでお話で、いくつかの会社名が出てきましたが、最近の IPO で、**今後に役立つ着眼点を含んだ事例**はありますか？

いくつかあります。
まず**競争優位性**という点で言うと、大きく盛り上がったのは、**イーディーピー（7794）**という会社でした。

人工ダイヤモンドに関連する会社ですね。

はい。天然のダイヤモンドの鉱山開発が難しい中、**「安定的な人工ダイヤモンドの供給が欲しい」**という需要が確実に存在しています。
そうした中、イーディーピーが売っているのは、人工ダイヤモンドを作るための原料**「種結晶」**です。
種結晶って、実際に見ると、河原に落ちているキレイな石みたいなんですよ。
それを成長させて、大きくした状態で販売しています。
これをインドの会社などがカットし、研磨すると、本物のダイヤモンドのようになります。

人工ダイヤモンドの市場シェアはどのぐらいなのでしょうか？

現状、**人工ダイヤモンドのシェアは、ダイヤモンド市場の6%**ぐらいしかありません。
ですが、今、引き合いがものすごく強くなっているそうです。
そして人工ダイヤモンドには、イーディーピーの種結晶が欠かせません。

その種結晶を、イーディーピーが独占しているということでしょうか？

はい。イーディーピーの何がすごいのかと言うと、**「種結晶を作っていい」という独占的な許諾権利を持った企業が、世界にイーディーピーしかない**んですよ。

それはすごいですね。

2022年8月に、通期の見通しを上方修正した際の資料には、

良いことが書かれていました。
要約すると、「人工ダイヤモンド市場はこれから大きくなろうとしていて、その引き合いがすごいけれども、工場をフル回転しても、まだ出せる量が少ない。それを全部出して、業績を上方修正しました。今、新しい工場を作っていますが、ここが稼働するようになったら、それも全部出せます」という内容でした。
要するに、**イーディーピーが生産できるレベルで市場が大きくなり、人工ダイヤモンドの市場が作られていく**ということです。
つまり、イーディーピーが市場を握っているんですよ。
こういう企業がたまたま日本にあるというのが、本当にすごいことだと思います。

たしかにすごいですね。懸念点はないのでしょうか？

いくつかあります。まずは、この会社が言うように、**人工ダイヤモンドの市場が本当にそこまで大きくなるのか？**
それが分からない点です。

その他の懸念点はいかがでしょうか？

信用買い残の問題があります。
最初は知る人ぞ知る銘柄だったのですが、株価が上がって、注目が高まる過程で、信用買い残が増えてしまいました。
2023年3月10日時点で、信用買い残が**約50万株**あります。
発行済み株数が**262万株**ですから、**約19%が信用買い残**です。

それは多いですね。

株式には**5%ルール**があって、5%超を保有する大量保有者は、保有開始日から5営業日以内に「大量保有報告書」を提出しなければなりません。
それと比べてみても、19%がいかに大きいかが分かります。
例えば、会社四季報の大株主リストに「借金で株を買った人たちが19%」と載っていたら嫌ですが、意味としては同じです。

何か信用買い残の基準はありますか？

基準はありませんが、10%を超えると、やはり多いと思います。
信用買いは半年以内に売らなければいけないというルールもありますから、19%は高すぎますよね。
すぐに株を売る人たちの株主構成の比率が高くなればなるほど、株主の質が悪くなります。
実際2023年2月に、小型ダイヤモンド向けの種結晶の単価が急低下したことで業績を下方修正し、株価が暴落しました。
短期の利食いを狙う信用買い残があまりにも多いと、今後もこうしたことは起こりえます。
理想はバイ・アンド・ホールドの人たちの比率が高そうな株になります。

図⑫ イーディーピー(7794)　週足　上場 ～2023年3月

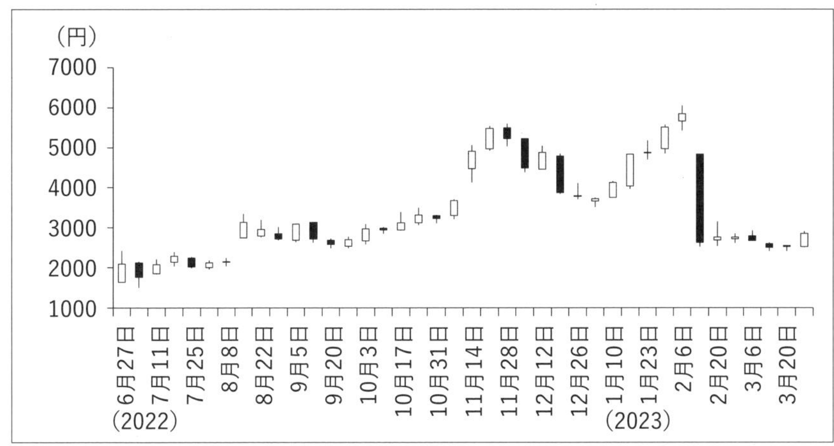

そうなると、買い時と売り時が難しいですね。

長く持つなら、あまり気にする必要はないと思います。
人工ダイヤモンドって、加工が自由自在なんです。
例えば、天然のダイヤモンドで指輪を作る場合、普通だったら、シルバーの指輪に小さいダイヤモンドを散りばめますよね？
一方、人工ダイヤモンドの場合は、ダイヤモンドをカットして、リング全体がダイヤモンドの指輪を作ることも可能です。
いずれにせよ、**人工ダイヤモンドの市場が本格的に切り開かれて、メジャーになった場合、この会社の時価総額は余裕でテンバガーになっているのではないか？**
そう考える投資家を多く生んだIPOだったのは間違いありません。
「オンリーワンの会社」を体現する事例として、覚えておくべきIPOだったのではないかと思います。

「参入障壁が高い業界」に注目する！

他社を圧倒する競争優位性は、**参入障壁の高さ**から生まれる部分もあります。
そうした観点で、何か面白いIPOはありませんか？

あります。2022年12月に、**フーディソン**（**7114**）という会社のIPOがありました。この会社は、**飲食店向け食品Eコマース**の会社です。
例えば、居酒屋や寿司屋は「**目利きの良い人が朝早く市場に行って、良い魚を仕入れる**」というイメージがあると思います。
でもそれって、実はすごく大変なことで、その仕事をやりたくない人が増えて、**後継者不足にも繋がる問題**なんですよ。
それを解消させるのがフーディソンの「**魚ポチ**」です。
閉店後に魚を注文したら、**次の日の午後3時までに魚を届けてくれる**という素晴らしいサービスになります。

なぜ、この会社に注目したのですか？

まずは**社長**です。IPO銘柄を買う場合、その会社の社長がどんな人なのか必ず調べた方がいいです。なぜかと言うと、**誰が社長かで、数年単位では大きな差がつく**はずだからです。
フーディソンの社長は山本徹さんという方で、彼は2008年に**エス・エム・エス**（**2175**）というグロース企業の上場に携わった方でした。
僕はこの会社のIPO説明会にも行ったのですが、当時は珍しかった医療・介護分野の人材紹介をする会社で、この会社の株価はめちゃくちゃ上がりました。

2008年の上場から13年間で、**株価が50倍**になりました。すごいですよね。

この会社の創業メンバーで、今はフーディソンという新しい会社に命を懸けているのが、山本さんです。
IPOの直後にお話を伺う機会があったのですが、山本さんが気にしていたのは「**ビジネスモデルが投資家に理解されていない可能性がある**」ということでした。
マーケットのことを熟知している社長なので、どのように機関投資家にアプローチするのかは分かりませんが、これからいろいろと仕掛けてくるのではないかと思っています。
今期で10期目の会社ですが、**ようやく黒字化**して、これから大きく売上を伸ばしてきそうなので、注目しています。

黒字転換すると、その後の成長が加速する傾向もありますから、注目ですね。
ちなみに食品ECのマーケットは、どれぐらいの規模なのでしょうか？

食品のEC市場は、2014年には1.2兆円でしたが、**2021年には2.5兆円に拡大**しました。
にもかかわらず、食品・飲料・酒類のEC化率は**3.8%**で、これは生活家電の**38.1%**と比べると、かなりの低水準です。
つまり、**これから大きく伸びるポテンシャルを秘めた市場**になります。

それだけ大きなマーケットだと、これから参入する企業も多くなりそうですね。

たしかに「**そんなに大きなマーケットなら、みんなやればいいじゃないか」という話なのですが、魚のECの場合、なかなかそうはいかない**んです。
どういうことかと言うと、関東で大きな市場は大田市場と築地市場になりますが、大田市場の場合、セリに5年以上参加しないと「**仲卸業務許可**」を取得することができません。
「市場でセリに参加して、新鮮な魚を仕入れて、ECで販売したい」と思っても、**少なくとも5年は経たないと許可がおりない**んですよ。
同様に築地市場では、セリに参加するために「**買参権**」が必要になります。
フーディソンの強みは、**仲卸業務許可も買参権も持っている**ことです。
これらの権利を取らなければならないことが参入障壁であり、これらの権利を持っていることが、フーディソンの**圧倒的な競争優位性**になります。

競合他社は、仲卸業務許可や買参権を持っていないのでしょうか？

フーディソンと似たような会社として、**Mマート**（4380）や**ミクリード**（7687）がありますが、これらの会社はこうした権利を持っていません。
こうした会社は、生産者が売りたいものをECサイトで売っているだけです。**プラットフォームを提供するだけ**で、あとは生産者と消費者のやり取りになります。
フーディソンは、市場の中に製造・配送システムを持っていて、新鮮な魚を各地の飲食店に送るためのシステムを、全て内製化しました。

そのコストのため、これまではあまり利益が出ず、PERも高かったのですが、今後は面白いと思います。

参入障壁が高いということは、要するに、**簡単にマネできない**ということです。
ですから、そこにはオリジナルな強みや圧倒的な競争優位性が生まれやすい。**銘柄選びにおいて、非常に重要な視点**ですね。

そうですね。フーディソンはコロナ禍の中で、苦労をしながら準備をして、上場しました。
2021年のIPOバブルの際には、DX関連の株に「**なぜこんなに高値が付くのか**」と驚くことも多かったのですが、この会社は、そうした恵まれた環境下で上場したわけではありません。
経済正常化の影響が業績に本格的に現れるのは上場後から、というのは好印象です。
その点も、今後はプラスに働くような気がしています。

図⑬ フーディソン(7114)　週足　上場〜2023年3月

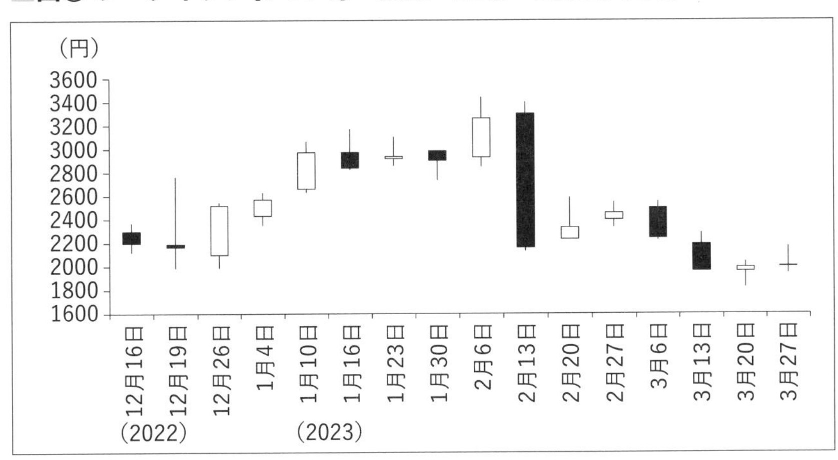

「価格勝負ができる会社」に注目する！

僕の方から、いくつかの銘柄をご紹介しました。
競争優位性という点で、中原さんがどこか注目している会社はありますか？

私は岡村さんのようにIPO銘柄に詳しくありません。
ですから、どうしても大型株になってしまいますが、大型株であれば、**信越化学工業**（**4063**）だと思います。

図⑭ 信越化学工業（4063） 月足 2018年4月～2023年3月

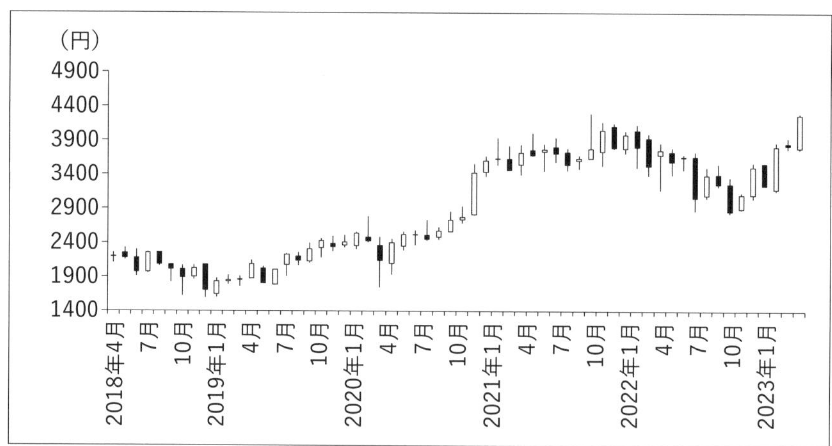

信越化学工業の優位性は、どこにあるのでしょうか？

信越化学工業の競争優位性は、**量産によって、コストを低く抑えることができる点**にあります。
例えば、半導体のシリコンウェアとか、塩化ビニールですね。
信越化学と同等の工場を作るためには、巨額の投資が必要になります。
あれだけの大きな工場を作って、信越化学と同じぐらいの価格で提供できる企業は、今後、新たには出てこないのではないでしょうか？
少なくとも、私自身は出てこないと思っています。

そうかもしれませんね。

半導体には**シリコンサイクル**があって、買い時が難しいのですが、**株価が下がっている時に買っておくのはアリ**かなと思っています。
いずれにせよ、量産コストでマーケットを握っているのは、大きな競争優位性です。
信越化学以外だと、あとはどこでしょうか？　**東京エレクトロン**（8035）でしょうか？

そうですね。

同じ半導体関連でも、**レーザーテック**（6920）は少し事情が異なるようですね。
現状では、マスクブランクスの検査装置でシェア100%ですが。

現状は100%ですが、**KLA-Tencor**（**ケーエルエー・テンコール**）というアメリカの半導体検査装置メーカーが追随しようとしています。先行きは不透明です。

ライバル次第ということですね。
銘柄選びをする際は、現状のシェアだけでなく、**将来的にライバルが現れそうか・否か**という視点を加えること

も大事ですね。

そう思います。簡単にマネできないものには、やはり価値があります。

例えば、からあげの専門店とかペッパーフードサービス（3053）の「いきなり！ステーキ」は、誰でもマネできます。

でも、**ドラゴンボールやワンピースの版権って、誰もマネできない**んですよ。

現状、**東映アニメーション**（4816）の時価総額は**約5000億円**ですが、**親会社の東映**（9605）の時価総額は**約2500億円**しかありません。

親会社の時価総額が子会社の半分以下ということですね。

「親会社の株価が子会社の半分以下」という状態は、誰もうまく説明できません。

でも、**マネできないものに関しては、市場は評価して値段を付けます。**

だから、親会社の東映と比べて、**子会社の東映アニメーションの時価総額が2倍ある状態に補正が入らない**んです。

親子の時価総額逆転現象が解消されないものはけっこうありますね。

GMOインターネットグループ（9449）と**GMOペイメントゲートウェイ**（3769）もその1つです。

親会社に比べ、子会社が圧倒的に優位性を持っている場合は、その状態が解消されないまま放置されます。

オンリーワンとか、ニッチトップ的なものに、市場はちゃんと値段を付けるものなんです。

大型株で言うと信越化学工業、小型株で言うとフーディソンのビジネスモデルは、簡単にマネできません。
そういった銘柄に、いかに早く気づけるかが肝心ですね。
そういった銘柄にいち早く気づくために、何か岡村さんの方からアドバイスはありますか？

IPO 銘柄の場合、「**上場会社に似たような会社がないか**」という視点で眺めてみるといいと思います。
「**どう考えても、この会社と一緒じゃないか**」と思えるような会社が、けっこう多いんですよ。
先ほどもお話ししましたが、上場の公募価格を設定する際は「**類似業種比準方式**」といって、競合する銘柄を 10 社ぐらい選ぶのですが、それを選びにくい会社が存在します。
「上場会社の中に、あまり似ている会社がない」という会社が、実際にあるんです。
そういう会社を発掘できる可能性があるのは、やはり IPO しかありません。
上場して、ある程度の時間が経過している会社の場合、そうした面も含めて、すでに株価に織り込まれてしまっているので、発掘する感じにはなりにくいです。

IPO 銘柄を中心にして、類似性がない会社を見つける作業を繰り返すということですね？
IPO は年間に 100 社ぐらいありますから、**毎年繰り返す価値**がありそうですね。

長期保有できる銘柄の条件

中原さんに１つ伺いたいと思います。
現状の相場は**ボラティリティ**（価格変動の度合いのこと）が高く、なかなか長期投資をしづらい状況にあると思います。
ですが、仮に長期投資をしやすい地合いになってきた場合、「長期保有できる銘柄の条件」を、中原さんはどのように考えていますか？

長期保有できる銘柄の条件として、私は**以下の３点を重視**しています。

長期保有できる銘柄の条件

①3年後の業績が2倍に拡大する可能性大

②株価指標(PER)が割安

③時価総額が300億円以下のオーナー企業

例えば**３年ぐらいで、それなりのパフォーマンス**を上げたいのであれば、上記を満たす銘柄に投資をするのが良いと思います。

オーナー企業を狙うのは、何か理由はありますか？

オーナー企業を狙うのは、一般的に**モチベーションが高い**からです。

株価が上がれば、自分の資産も増えるので、モチベーションが高いことが多いです。
だから、**オーナー企業の社長は、サラリーマンの社長とは違う**と私は思っています。サラリーマン社長というのは、たいてい守りに入りますから。
例えば、メガバンクのトップが良い例です。
「**自分がいる2～3年の間、何も問題が起きなければ、それでいい**」と考えているので、革新的なことができません。
だからメガバンクって、この10年間、経営的に大きな前進がありませんよね？　最近、ようやく重い腰を上げてきた感じはしますが、まだまだだと思います。

投資信託には、オーナー企業だけを集めたものもありますね。

はい。ただ、ここで注意しなければならないのは、「**事業をもっと拡大させていきたい**」というモチベーションが高いオーナーがいる一方、上場をゴールに考えてしまっているオーナーもいる点です。そこは**見極めが必要**ですね。
上場直後が最高値で、その後、右肩下がりのIPO銘柄がけっこうあります。そういう銘柄に手を出してしまうと、ちょっと厳しいですよね。
だから、私はIPO銘柄を敬遠してきました。
IPO当初は情報が少なくて、社長のモチベーションがどの程度なのかも、全く分かりませんから。

たしかに、そうですね。
まだ決算をしたことがない会社の決算の予想なんかできるわけがないし、どういう感じで業績が付く会社なのかもイメージが湧きません。

でも**情報が少ないからこそ、ミスプライスが起きる。**僕はそこに**投資妙味**があると考えています。

一番の狙い目はスタンダード市場

銘柄選びをする際、**市場を基準に選ぶ**というのも１つの手ではないかと考えています。
私の経験から言わせていただくと、ヘラクレス市場、旧マザーズ市場、現在のグロース市場といった、いわゆる新興市場の株で、私の今までの勝率はおそらく**5割**を切っています。
統計を残していないので、正確には分かりませんが、**トータルの運用成績も間違いなくマイナス**です。
それに対し、**旧東証２部や旧ジャスダック市場、現在のスタンダード市場の株では、今までに負けた記憶がほとんどありません。**
これはおそらく、不人気なため、安いところで買えているのが主な要因ではないかと思います。

銘柄を選ぶ際、**スタンダード市場の株を狙うのは、戦略的にとても良い**と思います。
もちろん「スタンダード市場の銘柄だから上がりやすい」ということはありませんが、**人気がない分、スタンダード市場の銘柄は過小評価をされている可能性がある**からです。
次のページの表は、**市場別のPER・PBR・配当利回り**を示した表になりますが、平均PBRを見ると、**スタンダード市場は0.95倍**です。
他の市場と比べて、低い数字になっています。

図⑮【市場別】PER・PBR・配当利回り（2023年3月3日時点）

	プライム	スタンダード	グロース
予想PER平均	14.2倍	14.7倍	85.6倍
PBR平均	1.20倍	0.95倍	4.12倍
配当利回り平均（加重）	2.48%	1.93%	0.24%

（Quickのデータより作成）

また次の表は、**1銘柄あたりの時価総額、ならびに売買代金（26週）**を市場別に示したものになります。

図⑯【市場別】1銘柄あたりの時価総額、1銘柄あたりの売買代金

市場別　1銘柄あたりの時価総額（2023年3月3日時点）

	プライム	スタンダード	グロース
平均値	3958億円	161億円	143億円
中央値	647億円	66億円	61億円

市場別　1銘柄あたりの売買代金（26週MA、2023年3月3日時点）

	プライム	スタンダード	グロース
平均値	15億5015万円	5845万円	2億6420万円
中央値	1億8788万円	810万円	4221万円

（Quickのデータより作成）

スタンダード市場とグロース市場を比較すると、**時価総額の中央値は、ほとんど変わりません。**市場の格としては、グロース市場よりもスタンダード市場の方が格上とされていますが、時価総額を見ると、ほとんど変わりません。

決定的に違うのは、**1銘柄あたりの売買代金**です。グロース市場が**4221万円**なのに対し、スタンダード市場は**810万円**。グロース市場と比べて、**スタンダード市場は5分の1程度の流動性**しかありません。

この程度の流動性しかないと、**デイトレーダーはほとんど近寄ってきませんね。**

そのとおりです。
また次の表で**1銘柄あたりの信用買い残**、つまり**個人投資家が1銘柄でどの程度の信用買い残を持っているのか**を見てみると、グロース市場は**2億8000万円**ほどで、これはプライム市場の信用買い残とほぼ変わりません。
これらの市場と比べて、スタンダード市場は**8000万円弱**ですから、**そもそも信用買いで持っている人が少ない**ということになります。

図⑰【市場別】1銘柄あたりの信用買い残（2023年3月3日時点）

	プライム	スタンダード	グロース
平均値	12億7043万円	2億2499万円	2億6420万円
中央値	2億8218万円	7713万円	2億8620万円

（Quickのデータより作成）

これが何を意味するのかと言うと、**いったん株価が上がり始めた時に、グロース市場は売りたい人がめちゃくちゃ多い**ということです。
そうなると、よほど大きな理由があって、買いたい人が増えな

い限り、長期で上げ続けるのは難しくなります。

人気があるので、**デイトレードには向いていますが、長期の投資はなかなか難しい**という側面がありそうですね。

はい。一方、スタンダード市場は人気がない分、売りたい人も少ないので、**いったん株価が上がるフェーズに入ると、長期で大きく上昇する可能性**を秘めています。
さらに、次の表を見てください。これは、**市場別の投資主体別売買シェア**を示した表になります。

図⑱【市場別】投資主体別売買シェア（2022年年間・金額ベース）

	プライム	スタンダード	グロース
外国人	70.6%	47.3%	39.9%
個人	21.3%	47.1%	56.5%
個人売買に占める信用買い注文比率	73.3%	62.1%	74.9%
法人（投信、信託銀行など）	7.6%	4.4%	2.6%

（Quickのデータより作成）

この表を見ると、プライム市場は外国人が**70.6%**で、外国人がメインボードを握っています。
一方、グロース市場は個人が**56.5%**で、個人がメインの市場になります。その56.5%の個人のうち、信用で買っている人の比率が**74.9%**なので、**グロース市場の多くは信用買いで成り立っている**と言って、差し支えないと思います。
要するに、**短期での投資を考えている人が多い**ということです。

スタンダード市場は、外国人と個人、それぞれ半々という感じですね。

はい。続いて、次の表は、市場別に**アナリストのカバー率**を示したものになります。
要するに、**アナリストが各市場の銘柄をどれくらい調査しているのか**を数字で示したものになります。

図⑲【市場別】アナリストの調査対象状況（2023年3月20日時点）

	プライム	スタンダード	グロース
アナリストカバー社数	1120銘柄／1835銘柄	102銘柄／1345銘柄	101銘柄／511銘柄
アナリストカバー率	**61**%	**8**%	**20**%

プライム市場の場合、1835銘柄中、1120銘柄にアナリストが付いて、レーティングを付けているので、カバー率は**61%**になります。
これに対して、**グロース市場は20%。**グロース市場にも、意外と多くのアナリストが付いています。
一方、**スタンダード市場は8%。**1345銘柄のうち、102銘柄しかアナリストが付いていません。アナリストが付かないということは、レーティングも付かないので、**機関投資家が名前すら知らない銘柄が山のようにある**ということです。
もちろん例外もあって、**ワークマン（7564）、ナカニシ（7716）、フェローテックホールディングス（6890）**といった銘柄には、たくさんのアナリストが付いています。

ですが、そうした銘柄を除くと、**アナリストが付いていない銘柄がほとんど**です。

そうすると、会社として、**スタンダード市場に上場するよりも、グロース市場に上場する方が良い**ですよね？
グロース市場でなく、あえてスタンダード市場を選択するメリットは、あまりないように思えます。

結論から言うと、**グロース市場の審査に落ちて、スタンダード市場に行く会社が意外と多い**んですよ。
今でこそ、スタンダード市場の方が格上とされていますが、ちょっと前までは、**東証マザーズの審査で厳しそうな会社が、大阪のジャスダックに行くのが一般的な流れ**でした。
今は同じ東証の中で、スタンダード市場とグロース市場に分かれていますが、**成長性に乏しい会社がスタンダード市場に振り分けられる傾向**があります。
だから、スタンダード市場の銘柄が割安なのは、たしかにそうなのですが、その分、**魅力に乏しい会社が集まりがちなのがスタンダード市場**なんです。

なるほど、そうなんですね。

その傾向はアナリストのカバー率にもはっきりと出ています。
グロース市場のカバー率が20%なのに対して、スタンダード市場のカバー率は8%しかありません。
アナリストからすると、**「人気がない、需要もない、書くネタもない」という3拍子が揃ったスタンダード市場は、なかなか調査対象になりにくい**んです。
もちろん、ワークマンなどの例外はありますが、機関投資家にとって、魅力のない銘柄がゴロゴロ転がっているのが、スタンダード市場なんです。

でも、例えば、個人投資家が小口で「**100株買おう**」「**200株買おう**」という場合には、少し事情が異なってきますね。

そのとおりです。スタンダード市場は、人気がない分、安く放置されている銘柄が多いので、ひとたび価格修正の流れが起こると、**個人投資家でも「安く買って、高く売る」を実践できる可能性が高い。**これは個人投資家にとって、**スタンダード市場の隠れた魅力**と言えると思います。

ただ、株価が上がるためには、それなりの**カタリスト**（株価を動かすきっかけとなる材料やイベント）が必要ですね。
例えば、スタンダード市場に上場している**ゲームカード・ジョイコホールディングス（6249、以下GCジョイコと表記）**の株価が上がったのは、「**スマートパチスロ（スマスロ）の導入開始による新機種への入れ替え特需**」という強いカタリストが付いたからでした。

おっしゃるとおりです。でも、そのカタリストがいつ、どういった形で付くのかは、誰にも読めません。
ですから、今後カタリストの付きそうな銘柄、例えば今だと「**大阪のIRで注目されそうな銘柄**」などは、「**安いうちに買ってずっと持っておく**」というのが基本戦略になります。
次のページの表は、**GCジョイコの株価の推移**を示したものです。GCジョイコは、およそ8カ月の間に**2654円**上昇しましたが、**騰落幅トップ10（前日比）の営業日**を合計すると、**2473円**になります。

図⑳ GC ジョイコ（6249） 週足 2022年6月～2023年3月

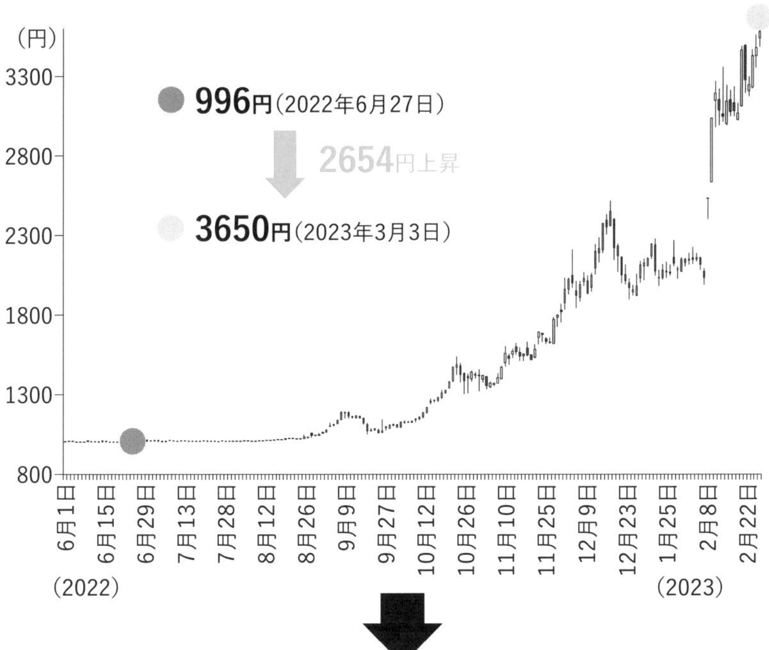

当該期間の前日比騰落幅トップ10

日付	前日比 騰落幅（円）
2023年2月13日	501
2023年2月10日	500
2023年2月24日	400
2023年3月1日	185
2022年12月29日	161
2023年2月14日	155
2022年12月27日	152
2022年12月12日	145
2022年12月15日	140
2023年1月17日	134

この期間の値上がりトップ10の日の上昇幅を合計すると2473円

たった10営業日で最大上昇幅の93％を達成している計算になる。

つまり、**8カ月間の2654円の上昇分のうち、93%はたったの10営業日に達成**されたということになります。

いくらGCジョイコに注目していたとしても、**この10営業日に持っていなかったら、全く意味がない**ということですね。

はい。でも、この10営業日だけ持っているということは事実上、不可能です。ですから、長く持っているしかありません。スタンダード市場に「これは化けそうだ」と思う銘柄があるなら、それを短期で売買するのは、何の意味もありません。**基本的にずっと持っていないとダメ**です。

もしそうした銘柄があるなら、**NISAでずっと持っておく**といいかもしれませんね。

良いと思います。

グロース市場の銘柄の場合、どこが割安なのか、判断がつきにくいことが多いです。
例えば、**PER100倍**でも割安とされていた株が、**PER 25倍**まで落ちる。そういうことが平気で起こるのがグロース市場です。
一方、スタンダード市場は、そもそもPERが低い銘柄が多い。
例えば、**PER10倍**の銘柄が**PER5倍**になってしまうというのは、なかなか考えにくいです。そう考えると、**スタンダード市場の株は、下値不安があまりないので、比較的安心して買うことができます。**
一方、ボラティリティが高いグロース市場の銘柄は、上下に値動きが激しいので、なかなか長く持ちきれないと思います。怖いので。

そうですね。でも、**グロース市場の銘柄も、本当は長く持った方がいい**んですよ。
ですが、毎日株価を見ていて、**特に理由もなく5%、10%と株価が乱高下する日々**が続くと、だんだん心が病んできますよね。「**明日は大丈夫だろうか……**」って。そうした精神状態で長く持ち続けるのは、けっこう大変です。
ですから、自分のポートフォリオ（金融商品の組み合わせのこと）をグロース市場の銘柄だけで埋めてしまうと、平穏な日常の妨げになるかもしれません。

スタンダード市場の銘柄の場合、そんなに値動きが激しくないので、毎日株価をチェックしなくても大丈夫な気がします。
一方、グロース市場の場合、値動きが激しいので、毎日チェックしないと不安です。
ジェットコースターのような値動きの中で、短期的な利益を狙いたい人もいるでしょうから、一概には言えませんが、**精神的に安定した運用を好むのであれば、グロース市場よりもスタンダード市場の銘柄を選択した方が無難**だと思います。
あくまでも個人のスタイルの問題なので、どちらが良い、悪いというのはありません。
私は小心者で、コツコツ増やしていきたいタイプなので、後者の方が自分に合っています。
私のようなタイプの人は、**スタンダード市場の中から銘柄選びをしてみるのも、1つの手**だと思います。

大事なので繰り返しますが、仮にスタンダード市場で人気のない、良い銘柄を発掘できたとしても、**長く持てないのであれば、触らない方がいい**です。

そうですね。長く持てる場合は、ぜひ実践してみていただけたらと思います。

株式投資に活かす「ツイッターの使い方」

さて、ここまでいくつかの銘柄を取り上げてきましたが、あらかじめ断っておきたいのは、**ここで取り上げた銘柄は買いを推奨するものではない**ということです。
岡村さんや私がどのような点に注目しているのか？
その視点を、今後のご自身の銘柄選びに活かしていただければと思います。
さて、少し話題を変えましょう。
将来大化けする可能性がある銘柄の共通点について、お話ししてきましたが、ここからは少し視点を変えて、**「他の人が気づかないチャンスに、いかに早く気づけるか」**という点に焦点を当てたいと思います。
この点について、何か岡村さんからアドバイスはありますか？

僕からアドバイスがあるとすれば、**ツイッターや掲示板は見た方がいい**ということです。
プロも有名な個人投資家も、みなツイッターや掲示板を見ながら売買をしていますから。自分の感覚だけでやるというのは、少し無謀かなと思います。

ちなみに、私はツイッターをやっていないので、全く見る機会がありません。
だからツイッターのことは全く分からないのですが、**ツイッターを見るメリットは何でしょうか？**

結局、人間の目って２つしかありませんよね？　だから、自分の背後は見えません。
見えないけれども、**自分が見えないところで、実はいろいろなことが起こっている**んですよ。
ツイッターは、例えば「**他の人がこういうことを考えている**」とか、「**こういうことで、すごい盛り上がっている**」ということに気づくきっかけを与えてくれます。
そうしたことを知ると、すごく視野が広がります。
目が２つだと、視野が全体に行きわたらないから、ツイッターを使って、そこを補完してくれる人たちの力を利用する。
自分の視点を増やす感覚ですね。利用した方がいいと思います。

ツイッターはお金がかからないのが利点ですね。

僕は昔、フィスコという会社に勤めていたのですが、その際、日経平均の先物をすごいロットで動かすディーラーに電話取材をしました。
取材後に、「**今日はこういうことを考えて先物を取引しているようだ**」という内容の記事を流したら、けっこう見る人が多かったんですよ。
なぜ、見る人が多かったのかと言うと、**プロは「他のプレーヤーがどういう気持ちで動いているのか」を常に知りたい**ものだからです。
例えば「誰々さんが、株が上がると言っている」という情報には一切興味がなくて、「**他社がどういうことを考えてトレーディングを行っているのか**」**が常に気になる**わけです。
そういう腹の探り合いに対して、昔はお金を取って情報を流していましたが、現在はそういうニーズがなくなりました。
その理由は、ツイッターなどで、無料で情報を得られるようになったからです。
例えば、**すごいプレーヤーの相場の見方は、ツイッターで気にしておけば、すぐに見つかります。**

ツイッターの情報は玉石混交だというイメージがあります。
必要な情報と不要な情報は、どのように見極めたらいいのでしょうか？

例えば、「**注目株はこれ**」**と、おもむろに銘柄名とか銘柄コードだけを出しているのはダメ**です。
なぜなら、何も学ぶことがないからです。
仮にそれで儲けたとしても、「自分の頭で考えて、成功パターンを磨く」という点で言えば、何も得るものがありません。
そういうことではなくて、**全体相場のこと**ですね。
例えば、**「今こういうことが起こっている」**とか、今起きていることの分析として、**「こういう見方があるんじゃないか」**というところを鋭く突いてくる人の視点は、けっこう学びがあると思います。

何か具体例はありますか？

例えば、中の人（おそらく証券業界で働いているであろう人）が、「**今日の寄り付きは、けっこう幅広いセクターで売りになっている**」とか、ツイッターでつぶやいていることがあるんですよ。
業界人と思われる人が、ツイッターを通じて発信しているんです。そういう情報を出す人を見つけたらフォローして、毎日チェックをするのは、価値があると思います。
慣れてくると、例えば「**MACDがどうこう言っているだけの**

人の情報は要らないな」と感じるようになると思いますよ。

そういう方たちが、ツイッターでつぶやくのは、どういうメリットがあるのでしょうか？

自分のための備忘録だと思います。その時に自分が感じたことを、備忘録として、ツイッターに残しておこうということではないでしょうか。
もちろん「いいね」がたくさん付くようになったら嬉しいというのもあると思いますけど。

少し話がそれますが、ユーチューブの広告はひどいですね。
「**1日10分で億万長者になれます**」という類の広告が溢れていますが、金融庁から言わせれば、あれは違法じゃないかと思います。「**絶対儲かる**」という内容の広告が多いです。
それに引っかかってしまう人が多いのだと思いますが、投資はそんなに甘いものではありません。
世の中、そんなにおいしい話はないよということは、改めて強調しておきたいですね。
投資の怖さを知ったうえで、真摯に投資に向き合ってほしいなと思います。

そのとおりですね。
話を戻しますが、ツイッターの情報に価値があるのは、顔出しせずに、**ハンドルネーム**でつぶやくことができるからです。
そうした中には、**本当に価値ある情報がある**ということを覚えておいてほしいです。
中原さんは、今後もツイッターはご覧になりませんか？

見ないと思います。現状、それでうまくいっているので。

中原さんのような方は、見なくてもいいと思います。
新たな試みをすることで、**自分の勝ちパターン**を崩してしまう可能性がありますしね。

株式投資に活かす「新聞の読み方」

逆に伺いたいのですが、中原さんはどのような情報を重視していますか？

私は余計な情報を、ほとんど入れないようにしています。
私が入れるのは、**日本経済新聞**（ネットの方が速報性が高い）**などの一次情報**だけで、あとは自分の頭で考えるようにしています。

どのように新聞から情報を取っているのか、具体的に教えていただけますか？

新聞記事からどのように情報を取るか？
10年以上前に書いた『**サブプライム後の新世界経済**』（**フォレスト出版刊**）という本に、私は次のように書きました。

例えば、2008年12月5日のWEB上の市況記事を、次のように3社で見比べてみましょう。

A社

米国株式市場は大幅反発。同日発表された米雇用統計が悪化する中、原油価格の下落が消費支出を押し上げるなどの期待が高まり、小売り株が上昇した。

B社

週末5日のニューヨーク株式市場は、（中略）米政府の住宅市場活性化策への期待などから金融・住宅関連銘柄を中心に大きく買い戻され、急反発した。

C社

5日のNY株式市場は上昇して終了した。（中略）米自動車会社の救済に向けて積極的な発言が出ていたほか、ハートフォード・ファイナンシャル・サービシズが通期の業績見通しを上方修正したことも雰囲気を明るくした。

経済ニュースの記事は、どの記事もすべて客観的な情報であると思ってはいけません。記事全体が客観的か主観的かということではなく、一つの記事の中にも「**客観的な事実**」と「**主観的な解説**」が織り込まれています。
それは、株式市場が上昇した原因についての各社の解説がバラバラであり、各々の記者の主観的な解説が入っていることからも、理解できるでしょう。
実は、各社の記事から分かる唯一の客観的な事実は、「**5日にアメリカの株式市場が上昇した**」ということだけなのです。

この本に書いたとおり、記者の主観は排除し、**客観的な事実だけをピックアップ**します。
客観的な事実をもとに、あとは自分の頭で、**未来のシナリオ**をいくつも考えます。私の場合は、その繰り返しです。

投資のヒントはどこにある？

私自身はツイッターを全く見ないので、ツイッターに関しては、何もコメントの仕様がありません。
ですが、「**ツイッターと少し共通点があるかな**」と思うことをお話ししておきたいと思います。
私がファイナンシャルアカデミーで受け持つ「**定性分析**」（投資対象の数値に現れない部分を分析すること）の授業の中で、いつも冒頭で申し上げることがあります。
それは「**定性分析に強くなるために、日常の様々なことに興味を持ち、考える楽しさを感じましょう。すぐに投資に役立たなくても、いつか役立つだろうし、いろいろなことを知るのが楽しいというゆったりした境地で、様々な情報を貪欲に吸収するようにしましょう**」ということです。

それは金言ですね。

これは投資に限らず、何をやるにしても重要なことで、「**人生の教科書**」とも言える内容だと思います。
これを実践できれば、投資だけではなく、ビジネスで成功することにも結び付くし、人生で成功することにも結び付くと思います。
定性分析では、まず**身近な情報**を活かすようにしたいですね。例えば、**子どもの話をよく聞いたり、身近な人の話をよく聞いたりすると良い**と思います。
そのうえで、実際にそのお店に行ってみたり、商品を使ったりしてみるのもいいでしょう。これって、本当に**誰にでも実践できること**だと思うんです。

だからこそ大事ですね。中原さん自身、人の話を聞くことで、何か**成功事例**はありますか？

一番身近な例で言うと、うちのマンションはヤマト運輸よりも佐川急便がけっこう来るんですよ。
あれは2020年の2月下旬だったと思うんですけど、コロナが少し流行り始めた頃でした。
感染が広がり始めた時に、顔見知りの配達員さんに「**コロナが蔓延してきていますけど、宅配はどのぐらい増えていますか？**」とためしに聞いてみたんです。
そうしたら、「**前の月の2倍ぐらい増えていて、人が足りなくて大変です**」と答えてくれました。だったら、もう**SGホールディングス（9143）**は買いじゃないですか。

図㉑ SGホールディングス(9143)　週足　2020年1月〜12月

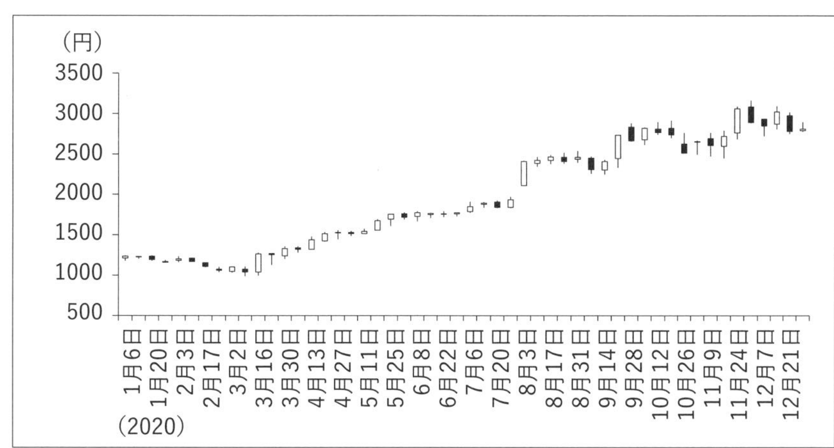

単純ですが、**こういった発想こそ、うまくいくパターンが多い**です。
ちなみに2020年の日経225の値上がり率で、**SGホールディ**

ングスは2位（1位はエムスリー）でした。

面白いですね。逆に、何か**失敗例**はありますか？

失敗例もコロナ禍の時になります。
コロナ禍で「**3密**」（集団感染防止のため、密閉・密集・密接を避けるよう掲げられた用語）と言われていましたよね。
そこで、3密を避けるために、2020年7月に趣味としてバイクを買ったんですよ。
この時、「**3密でこれからバイクを買う人が増えるんじゃないか**」と思い、**バイク王＆カンパニー**（3377）の株価をずっとチェックしていました。
当時、同社の株式は流動性が低く、動意づいて売買高が増えてからでないと買えないという事情があったので、買うタイミングを探っていたんです。
ところが**3カ月間、全く動かなかった**ので、チェックするのをやめてしまいました。
そうしたら、そのあとです。**2021年になって、バイク王の株価が突如として急騰**し始めました。

図㉒ バイク王&カンパニー(3377)　週足　2021年1月〜12月

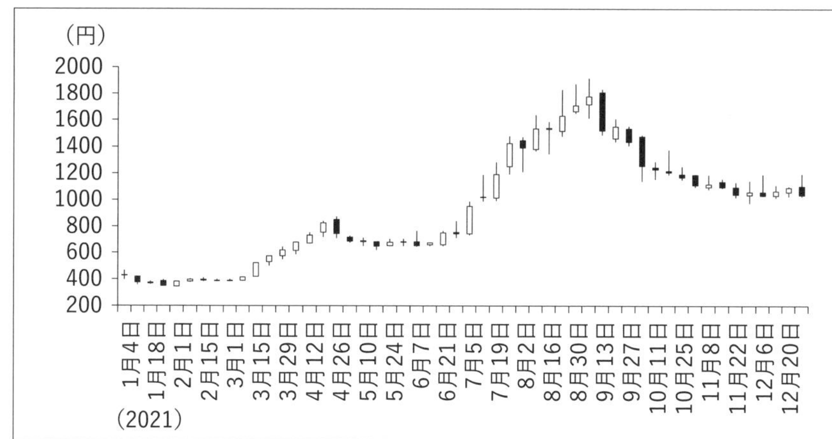

そうでしたね。バイク王は業績が良いわりに、株価はずっと上値が重い展開が続いていました。
そして「**もうそろそろみんな飽きてきたんじゃないか**」**と思った矢先に急騰**しました。あの上昇はエグかったですね。

バイク王をチェックし続けられなかった要因は「**自分みたいにバイク買う人は、どうせ少数派だろう**」という先入観が自分の中のどこかにあったことです。そのため、初動に乗り遅れてしまいました。
これは時として、**先入観が株式投資の障害になるという良い教訓**になりました。
株式投資において、「**どうせ○○だろう」という余計な先入観が頭に浮かんだ時は、要注意**ですね。

銘柄の知識を深めるために「日々実践すべきこと」

中原さんも、そうした日々の失敗の中から学んでいるわけですね。

私自身、日々の失敗から学ぶことが多いです。
岡村さんは、日々の生活の中で、何か実践していることはありますか？

僕は、**日々動いているものを常にチェック**しています。
具体的に言うと、まずは**マーケットの日々の売買代金**ですね。
プライム市場の売買代金はほとんど変わらないので、**グロース市場の売買代金の動向**をチェックしています。
それから、**値上がり率のランキング**ですね。
値下がり率のランキングはあまり見ていなくて、値上がりした銘柄のランキングをチェックしています。
そこで他の銘柄よりも抜けて上昇している銘柄があれば、なぜそのような値上がりになったのか、ニュースをチェックするようにしています。
値上がりする材料があれば、「**ああ、こういう材料があって上がったんだな**」と分かりますし、特に材料がないなら、「**仕手株になっているだけかな**」と考えます。
こうした作業の中で、気になる銘柄があれば、「**他の投資家はどういうところに目を付けているんだろう**」と想像しながら、決算資料を読んで、銘柄に関する知識を深めていきます。
こうしたことを日々実践する理由は、**やらないと、自分の中の情報がどんどん古くなってしまう**からです。

それはたぶん、書籍の編集者なども同じですね。
書籍のランキングを日々チェックしていると、ランキングが急上昇してくる書籍があります。
そうした時に「**テレビで紹介されたのかな？**」とか「**SNSで話題になっているのかな？**」といった点を自分で調べてみる。
それと同時に「**今、世間の人々はどんなことに注目しているのかな？**」「**次に注目されるものは何かな？**」といった点を考え、自分なりに仮説を立てて、書籍の企画を立案する。
そうした作業と似ている気がします。

そう思います。
僕の場合、経済番組のキャスターとして、日々のランキングを扱っているので、ルーティーンとして、**ランキングのチェック**を行っています。
これは一般の個人投資家にも、ぜひオススメしたいですね。
こうした積み重ねを続けていると、銘柄について、かなりの知識がついてくるので、**投資に必ず活きてくる**と思います。

そうした日々の積み重ねを、ノートやメモで残しておくと、さらに良いかもしれませんね。

そうですね。あまり批判はしたくないのですが、こうした日々の積み重ねをせずに、**チャートばかりを眺めていても、本当に意味がない**と思います。
チャートはそもそも勝率が高いかどうかの検証がなされていません。
仮に複雑なチャート分析に詳しくなって、チャートのことを解説できるレベルになったとしても、「その銘柄はどんな事業をやっている会社なの？」という質問に答えられないとしたら、

「わざわざ株でやる必要があるのか」と思ってしまいます。
それなら、ＦＸや暗号資産でいいですよね。

本当にそのとおりですね。
私自身、全体相場を見る時はチャートを重視していますが、**チャート分析はシンプルでいい**と考えています。

先ほどのお話で出たバイク王を例にとると、「何でバイク王の株を買ったの？」と聞かれた時に、「**３密を避ける手段として、バイクの需要が高まりそうだから**」と答えられることから始まります。それが「**仮説**」ですから。
それすらやらずに、複雑なチャートの見方を教えてくれるスクールに高額なお金を払ったり、合宿に行ったりするのは、本当にやめた方がいいと思います。

何が株価を決めるのかと言うと、２つあって、１つは**金利**。
もう１つは**業績**です。
金利が低くて、業績が良ければ、何の問題もありません。
逆に金利が高い時、株価が上がるためには、**金利高を跳ね返せるような業績**が必要になります。
そう考えると、**株価は最終的に企業の業績に収斂する。** これが**私の一貫した考え方**です。
ただ、そうは言っても、全体相場が下降トレンドとか、あるいは上昇トレンドが終わったあとなどは、**いくら業績が良くても、株価が大きく下落することもあります。**
この点については、明日、岡村さんと議論を交わしたいと思います。

日本で日本株に投資するメリット

話は変わりますが、私には子どもが2人がいます。だから、よく分かるのですが、**子どもたちは本当に流行に敏感**ですね。
私の上の子どもは、世間で流行る前から、「**Nintendo Switchが欲しい**」と言っていました。
Nintendo Switchが出た頃、任天堂の株価って、けっこう低かったんですよ。徐々に売れて、品切れになっても、株価は全然反応しませんでした。

その頃に投資をしていれば、かなり利益が出ていますね。

はい。だから、私は「**今、子どもたちが何に興味を持っているのか**」に常にアンテナを張るようにしています。
今、子どもたちの間で何が流行っているのかって、けっこう重要な気がするんですよ。
そう言えば、「**鬼滅の刃**」も、世間で話題になるだいぶ前から見ていました。

それを察知して、例えば**東宝**（**9602**）などに投資をしていたら、かなりの利益を取れていますね。
ジーンズメイト（**上場廃止**）が、鬼滅の刃グッズをECサイトで予約販売することを発表して、ストップ高になったこともありました。

だから、**投資のヒントとかチャンスって、意外と身近なところにある**んですよね。

本当にそう思います。だから、若い人たちに話を聞いてみたり、実際に街に出てみたりすることが大切ですね。
例えば、**プレミアアンチエイジング**（4934）は株価が下がりました。クレンジングバームの分野でDUOが先行して、最初は売れましたが、他がマネをして、DUOよりも安いものが徐々に増えてきました。
「**じゃあ、どのクレンジングバームを使っているの？**」という話になりますが、それって、実際に使っている人たちに話を聞いてみないと分からないじゃないですか。
だから、面倒くさがらずに、下の世代の人たちともどんどん接点を持った方がいいです。
歳をとると、基本的に情報の感度が鈍くなるので、例えば女子高生たちに「**今、何が流行っているの？**」と聞いてみるといいと思います。

図㉓ プレミアアンチエイジング(4934) 月足　上場～2023年3月

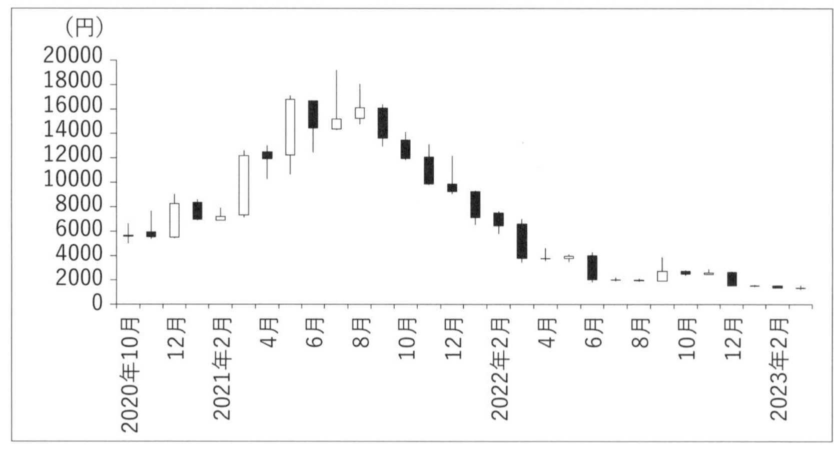

街に出るのもいいですよね。私はよく銀座や新橋、神田、秋葉原などに行きます。

街中を歩いていると、いろいろな発見があります。
例えば、**RIZAPグループ**（**2928**）が**chocoZAP**（**ちょこざっぷ**）を始めました。
月額2980円（**税込3278円**）は安いですよね。他の24時間営業のフィットネスだと**月額7000円前後**なので。
例えば、街中でそういうお店がどんどん出店されるのを見て、**「こういうお店は流行るのかな？」**と自分の頭で考えてみるといいと思います。

そういうお店の出店に気づくだけでも、個人投資家にとっては、チャンスですよね。

めちゃくちゃチャンスです。
なぜかと言うと、もしお店が流行っていたとしても、それが業績に反映され、開示されるまでに**3カ月程度のタイムラグ**があるからです。
だから、**早く気づけば気づくほど、チャンス**なんですよ。
街角レベルの流行に敏感なわけではない機関投資家が気づくのは、決算のあとだったりします。
当然ですが、外国人投資家はもっと遅くて、アナリストがレポートを書いてから、それを読んで、最後に上値を買うイメージです。
結局、**一番早く変化に気づく可能性があるのは、我々のような日本にいる個人投資家**なんです。

そこは日本人としての**「地の利」**を最大限に活かすべきですね。

シンガポールに移住したファンドマネージャーが、**「日本に戻る**

ことを検討している」という話を最近、聞いたことがあります。
なぜ、日本に戻るのか？
それはシンガポールの家賃が上がっている側面もあるのですが、日本株を扱ううえで、**日本に住んでいた方が、情報が入りやすい**からです。
税金面を考えれば、シンガポールの方がメリットが大きい。
それでも日本に戻るのは、それだけ**日本にいるメリット**を感じているということです。
だから、中原さんがおっしゃるとおり、**日本に住んでいるという地の利を、我々は最大限に活かすべき**だと思います。

株式投資を成功させる「仮説の立て方」

先ほど、中原さんから「**よく銀座や新橋などに行く**」というお話が出ました。それは**現地調査**ですか？

はい、そのとおりです。

例えば、銀座でどういうところを見ているんですか？

まずはどれぐらいの人がいるのか。大通りだけでなく、１本目や２本目の裏通りなどの人通りを見ますね。
それから、お店にも入ります。**2022 年の年末あたりから、人が戻ってきているなと感じました。**

銀座に行って、具体的に何をされているんですか？

銀座に行って必ずやるのは、**タクシーに乗る**ことです。

歩いても行ける距離を、わざわざワンメーターぐらい乗るんですよ。
そこで運転手さんから話を聞きます。
例えば「**銀座界隈って、最近、人が増えていますか？**」と聞くと、「**けっこう増えていますよ**」と教えてくれます。
そうすると、実際に人が増えていると分かるわけです。自分の感覚と合っているのかどうかも確認できます。

例えば、**インバウンドの外国人**が増えているのかどうかって、実際に見に行ってみないと分かりませんからね。

私はメディア側の人間の考え方がよく分かっているのですが、**メディアは報道を煽る傾向**があります。
だから、気になることがあれば、メディアの情報を鵜呑みにするのではなく、**実際に自分の目で見て確かめる**ようにしています。
2023年の年初にも銀座に行きましたが、その目的は、**コメ兵ホールディングス（2780）**の店舗を視察するためでした。
コメ兵のチャートを見ていたら、けっこうな割安圏に来ていました。
「中国人の旅行規制が緩和される」という報道も流れていたので、少し買ってみたんです。
そうしたら、その次の日のテレビ番組で「**ブランドオフという店舗に外国人が押し寄せて、前年同月比で2倍以上の売上が上がっている**」という報道がありました。
ブランドオフはコメ兵の子会社です。そこで、「**本当かな？**」と思い、実際に店舗を見に行くことにしました。

結果はどうだったのでしょうか？

思いのほか、小さな店舗だったんです。
正直、こんな小さな店舗で売れたとしても、全体の業績に与える影響はたかが知れているなと思いました。
しかもコメ兵は、リニューアルオープンをするために、12月半ばに銀座の大きな店舗を閉めてしまっていました。
そうなってくると、「**12月の月次決算は、そんなに良くないだろうな**」と想像できますよね。
2023年1月に大きな店舗のオープンを控えてはいるものの、**業績拡大のポテンシャルは、もうすでに株価に織り込み済みだろう**と考えました。これが私の「**仮説**」です。
テレビ報道の直後、株価が上がっていたので、自分の仮説に基づき、欲張らずに売って、利益を確定させました。
結果、**私が売った翌日から大陰線**を引いて、株価が下がっていきました。

図㉔ コメ兵(2780)　日足　2022年12月〜2023年1月

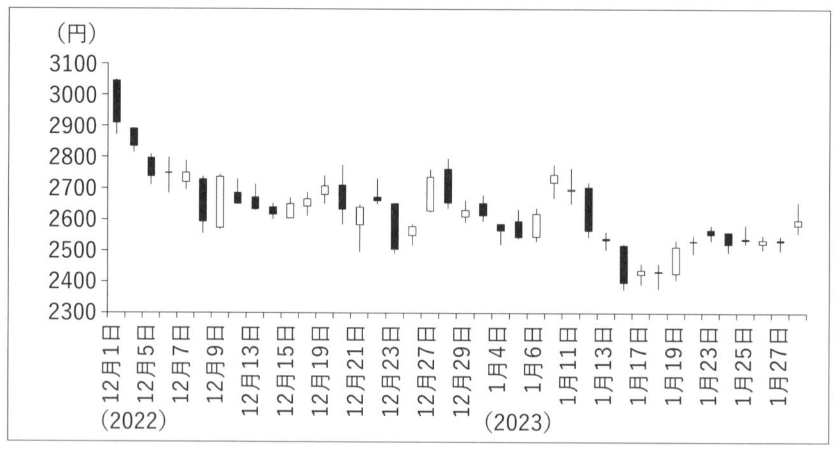

自分なりの仮説を立てるために、わざわざ銀座にまで足を運んだということですね？

そのとおりです。
もちろん、自分の仮説がいつも当たるわけではありません。
でも仮に外れて、利益を取り損ねてしまったとしても、自分の仮説に基づいたものだから、それで良いんですよ。
外れたら、なぜ外れたのかを考えて、次に活かせばいいわけですから。
一番ダメなのは、仮説を立てることなく、何も考えずに投資をすることだと思います。

実店舗がある場合は、実際に見に行かないとダメですね。

そう思います。そうした点で言うと、**東京23区に住んでいる人って、圧倒的に有利**なんですよ。見に行こうと思えば、すぐ見に行けるじゃないですか。
銀座、新宿、渋谷、池袋。23区に住んでいれば、簡単に見に行けます。
そういう地の利は、どんどん活かすべきだと思います。**実際に店舗に行くことでしか得られない情報がありますから。**

確実にありますね。

だから、私は個人投資家の方々に対して**「実店舗がある場合は、必ず見に行きましょう」**という話をしています。
でも、実際に足を運んでいるのは、おそらく**10人に1人**ではないでしょうか？
そうした手間を惜しむ人たちは、たぶん勝ち組投資家にはなれないと思います。

中原さんは**投資家が集まるバー**にも、たまに足を運ぶそうですね？

はい。個人投資家が、普段どういうことを考えているのか、聞き耳を立てに行っています。
実際に、バーにいる人たちと話をすることもあるのですが、自分が考えてもいないことを考えていたりします。
他の人の考え方を知ることは、非常に勉強になりますね。
１つ確実に言えるのは、昔と比べて、**個人投資家のレベルがものすごく上がっている**ということです。

間違いなく、とてつもなく上がっていますね。

みんな自分なりに勉強しています。
最近は**追証に伴う換金売り**、要するに、**セリングクライマックス**がなかなかありませんが、その理由は個人投資家のレベルが上がっているからではないかと、個人的には考えています。

市場参加者の心理を読むための秘訣

さて、ここまでいろいろと伺ってきましたが、他に何か付け加えておくことはありますか？

そうですね。僕から何か付け加えるとするなら、**日本人の国民性を理解することが大切**だということです。
日本人には、人が並んでいるところに並びに行く国民性があります。例えば、「**今、映画でこれが NO.1**」と言われたら、何だか分からないけれど、見に行きたくなってしまう。

たしかに、そういうところがありますね。

そうなんです。例えば、**八重洲のラーメンストリートで10人並んでいたら、11人目に並びに行く。**
日本人って、そういう国民性なんですよ。
そういう国民性の国だから、株式市場にも**美人投票色**が色濃く出てしまうんです。
仮に**自分が「良い」「間違いない」と思っていたとしても、他人はそうは思っていない可能性**があります。そうすると、自分の思いが株価に反映されないままに時が過ぎて、その辛さに耐えられなくなることが、けっこう多いじゃないですか？

たしかに、そういう傾向はあると思います。

そうした場合は**「自分ではない、他の誰かなら、どれに投票するか」**を考えてみるといいと思います。
昔、よく**AKBの投票**をテレビでやっていましたよね？
「自分としては、この人が1位かな」と思っても、自分の好みとは違う人が圧倒的な差で1位になったりするじゃないですか。でも1位を取ったとなると、その人がだんだんかわいく見えてくることもありますよね？
株式投資でも「**自分は全然好きじゃないけれど、たぶんみんなはこれが好きなんだろうな**」という銘柄を、あえて触ってみることも必要だと思います。
自分の感覚が全てだと思わないことですね。

他人の心を想像するのは、なかなか難しいと思いますが、何かコツはありますか？

言葉悪いですけど、**「情報弱者」と思われる人たちがやりそうなことを考えてみる**といいと思います。

株価は、あとから気づく人が多ければ多いほど、上がる余地があります。
そして、あとからやって来るのはたいてい、遅れて情報を得たり、遅れて情報に気づいたりする人たちなんですよ。
昔、投資家を「イナゴ」と呼ぶ表現が流行りました。

「イナゴ」と呼ばれるのは、**大群で稲に群がり、食べ尽くすと、次の場所に飛び去るイメージ**からですね。

そのとおりです。イナゴ勢は、例えばカリスマ投資家が「**今はこれが買いだ**」と言えば、その銘柄に群がります。
雑誌で「**これが次のテンバガーだ**」と特集されれば、高値でもサッと買ってしまいます。「そんなバカな」という高値からも買いが続いたりするのが、面白いところです。
だからそうした**情報弱者になりきって、その心理を読むことが大切**です。
もしも、この本の読者の方が何かの銘柄を買うとしたら、「カリスマ投資家が推奨したから買う」のではなくて、「**カリスマ投資家が推奨したことで、大量の情報弱者が群がりそうだから買う**」方向に切り替えるといった感じです。
少し分かりにくいですかね？

いえ。でも市場には、常にそういう**情報弱者を煽る人たち**がいますよね。

はい。それが本当に嫌なんですよね。
でも一方で、株式市場は弱肉強食です。株式市場は、永遠に強者に食われる弱者が存在しながら成り立っていくはずです。
情報弱者が市場の中で大勢を占めていないと、プロの人たちは何もやりようがありませんから。
ただ、面白いのは、**情報弱者が勝つ時もある**ことです。
特にマザーズ市場のバブルの時は「**よくこの値段で買えるな**」というところで買った人たちが儲かって、逆に「**こんな高い値段では買えない**」という人たちが、その流れに乗れなかったということが起こりました。
つくづく、株は難しいなと思います。

株式投資で「やってはいけないこと」

株式投資において、**「やるべきこと」**について語ってきましたが、ここで**「やってはいけないこと」**についても、触れておきたいと思います。
岡村さんの方で、これだけはやってはいけないと思うことは、何かありますか？

そうですね。
1つ注意点を挙げるなら、**決算説明資料**ですかね。
決算説明資料は、今はカラフルに彩られていて、昔とは違うなと感じています。
昔は持ち帰り禁止だったんですよ。
決算のあとに、アナリスト説明会がありますが、持ち帰り禁止なので、アナリストがわざわざ写真を撮ったり、急いでメモ書きしたりしていました。
でも、今はホームページで、誰でも簡単にダウンロードすることができます。

だいぶ時代が変わりましたね。

はい。昔とはだいぶ違う決算説明資料ですが、いくらカラフルに彩られていても、読み終わったあとに「で、結局、何が言いたかったの？」と思えるような決算説明資料って、ありますよね？　けっこう多いです。

そういう会社への投資は、基本的にやめた方がいいです。

専門用語が難しいというのもありますが、「**読んだ人に理解してほしくないんだろうな**」という書き方をしている会社って、けっこうあるんですよ。

それって、自分の理解力が乏しいわけではなく、みんな分かっていませんから。

たぶん機関投資家も分かっていないと思います。そうすると、人様のお金を運用している機関投資家には、選ばれません。

AI 系のベンチャーやバイオ関連に多い印象です。

バイオ関連の話が出たので、付け加えておくと、個人投資家は**バイオ関連を投資対象にしないほうがいい**と思います。

その分野に精通していれば別ですが、その会社の技術がどれだけ優れているかなんて、普通の個人投資家には分かりません。

またバイオ関連の場合、多くは**相次ぐ増資**で株式の価値が薄まっていきます。

たしかに、そうですね。多くのバイオ企業は**MS ワラント**（市場に出回っている株よりも安く買える権利）を発行して、株を増やし続けています。

増やし続けていって、例えば**アンジェス（4563）**とか、気づいたら、ものすごい株数になっていますよね。

例えば、時価総額で30億円の創薬ベンチャーがあったとしましょう。その会社が2本の臨床試験をするのに、**年間で10億円ぐらいかかる**んですよ。
その場合、「現金があと10億円しかない」となったら、1年しか持ちません。
そうなると、「**足りない7億円を調達しましょう**」となる。時価総額30億円の会社が7億円を調達しようと思ったら、単純に**20～30%希薄**してしまいます。それを毎年やるんです。

投資家にとってはリスキーですね。

はい。だから、買うべきではないんだけど、意外と潰れません。バイオハザードのように蘇ってくる（笑）。
ただ、株は本当に難しくて、理解できないものは買うべきではないのですが、反面、**理解しにくいものの方が株価が上がりやすい側面**もあります。
良い例は、**マイクロ波化学**（9227）ですね。
業績が悪い中で株価が上がっていったのは、「**よく分からないけれど、何だかすごそう**」という側面が強かったと思います。
この会社の技術のどこがすごいのか、理解している投資家はほとんどいないでしょう。
仮に利益が出ていて、理解しやすいビジネスをやっていたとしたら、ああいう形にはならなかったと思います。

図㉕ マイクロ波化学(9227) 週足 上場〜2023年3月

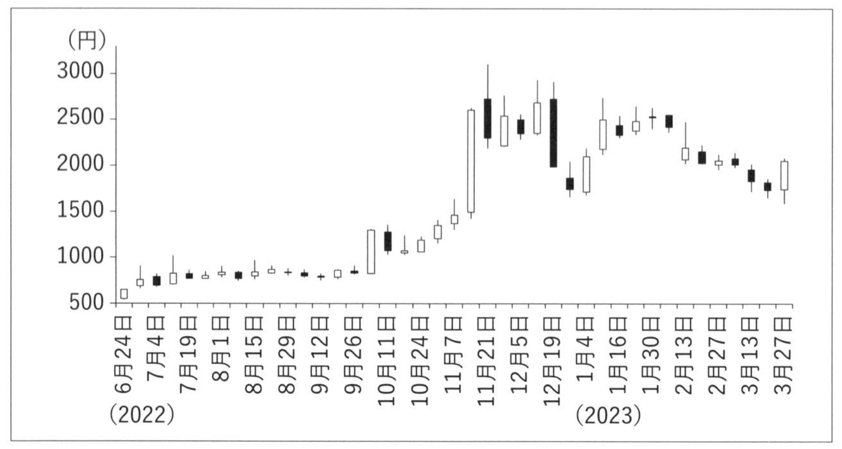

ただ、やはり**自分の頭で理解できないものには、投資をするべきではありませんね。**

実際、バフェットさんも、次のように言っています。

> 大切なのは、自分が何を知っていて何を知らないかを知ることです。自分の知っていることの範囲を広げられるなら、それに越したことはない。当たり前ですが、非常に多くの業界について理解しているとしたら、二、三の業界についてしか知らないよりも、成功のチャンスは大きくなります。それでも、大切なのは自分が自信を持っている範囲の限界を知って、その範囲内でプレイすることです―その範囲が広ければ広いほどよいでしょう。しかし、もし何かがその範囲の外にあれば、私はゲームに加わりません。
>
> (『ウォーレン・バフェットの生声　本人自らの発言だからこそ見える真実』ディヴィッド・アンドリューズ著、石田文子訳、文響社刊)

自分の頭で理解できないものに投資すると、失敗した時に、なぜ失敗したのかが分かりません。
人の受け売りで成功したとしても、次に成功できる保証はありません。
仮に失敗をしたとしても、その失敗を次に活かせるような投資をすることが大切だと思います。

今後有望なテーマは？

最後に**今後有望なテーマ**について、少し伺いたいと思います。
岡村さんは、何か注目しているテーマはありますか？

テーマということであれば、**シルバービジネス**には注目しています。
人口層の厚い団塊の世代が70歳を超えて、その人たちにアプローチをする会社がけっこう上場しています。
例えば、**サンウェルズ**（9229）です。
この会社は単なる高齢者施設ではなく、パーキンソン病患者に特化した専門ホーム「**PDハウス**」を全国に展開しています。
今までは、こういったビジネスを株式市場があまり評価してきませんでした。
ですが、サンウェルズがすごい評価をされているのを見て、「**こういうクオリティを市場は見ているんだな**」と感じました。
この会社は10年後もどんどん拡大していると思います。
そういった点で、シルバービジネスは注目しています。

図㉖ サンウェルズ(9229) 週足　上場～2023年3月

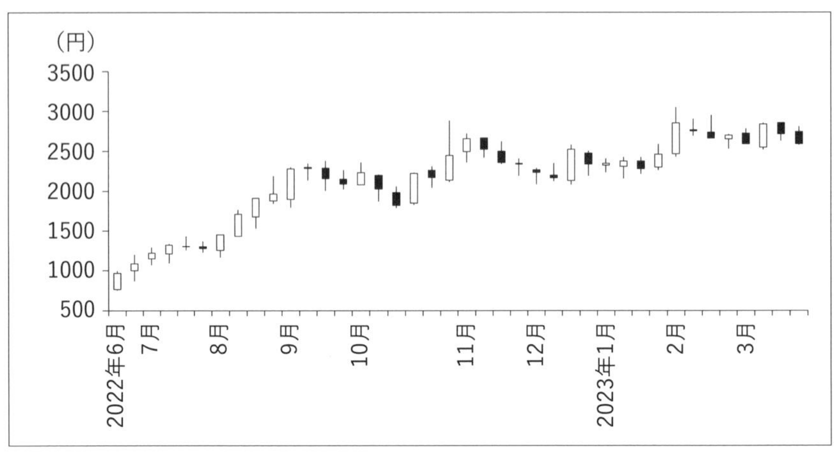

何か他に注目しているテーマはありますか？

実は、僕はテーマから株を選ぶのは、あまり好きではないんですよ。

というのも、例えば「**これからは脱炭素に注目**」とか言う人に限って、２週間後には「**メタバースに注目**」とか言って、全然違うことを言うじゃないですか。

だから、**デイトレードの人以外は、テーマはあまり気にしなくていい**と思っています。

メタバース関連は、私も買いたいと思ったことがありません。全く分からない領域ですから。

例えば、その会社が脱炭素やメタバースの関連企業だとして、「**それは何を持って業績に反映されるんですか？**」と聞いてみたいですよね。「**1年や２年我慢していれば、業績に反映される姿が見えてくるんですか？**」と。

おそらく答えられる人は少ないと思うんですよ。
「何かすごそう」だけでは、投資家は長い間、なかなか株を持ちきれないと思います。

現在、世界では**脱炭素のルール**を作っている最中で、まだ明確には決まっていません。
法制化も先だし、商慣習として定着するのも、まだまだ先になります。
実は日本政府、ならびに日本企業は、このルール作りに関われていません。ルールを作っているのは**EUとアメリカ**です。
その中で、**日本に不利なルール**が作られつつある現実があります。その典型例が**ハイブリッド車の排除**です。
水素の分野も同様です。日本が得意な水素は、**ブルー水素**という分野に入ります。
ブルー水素とは何か？　簡単に説明すると、火力発電で水を電気分解し、水素を作ります。その過程で発生した二酸化炭素は、地中に埋めます。こうして作った水素は、ブルー水素に分類されます。
今、EUが何を言い出しているのかというと、「**ブルー水素はクリーンエネルギーとして認められない**」「**クリーンエネルギーとして認められるのはグリーン水素だけだ**」ということです。
グリーン水素とは何か？　簡単に言うと、再生可能エネルギーで水を電気分解して作った水素のことです。**日本はグリーン水素の分野で遅れています。**
いずれにせよ、日本企業にとって競争上、不利なルール作りが進められつつある。そうした不利な状況下で、**今後、日本企業が本当に利益を出すことができるのか？**
この点が非常に重要なのですが、現時点では、そこが見通せません。

脱炭素は2021年あたりからもてはやされて、すでに1回高値を付けましたね。

はい。だから、しばらくはお休みですね。
さらに注意が必要なのはEV（電気自動車）です。
端的に言うと、将来的にEVはあまり儲かりません。これは、どの大手自動車メーカーも言っていることです。
なぜ、儲からないか？
それは**コストがものすごいかかる**からです。
これから電気自動車が右肩上がりで増えていくにあたって、リチウムやニッケルが必要になりますが、これらの量が圧倒的に足りません。だから、**バッテリーにものすごいコスト**がかかります。
もちろん、**全固体電池**の分野で技術革新が起これば、話は変わりますが、今のところ劇的な技術革新は起こっていません。
また軽量化にあたっては、アルミニウムが必要ですが、アルミニウムの生産には、かなりの電力を消費します。
そのため、ヨーロッパではアルミニウムの生産が縮小されており、**価格が高騰**しています。
では、その分を価格転嫁できるのかというと、なかなかそうもいかず、汎用品であるEVは安くないと売れません。
そうなってくると、大手自動車メーカーは、**部品メーカーに値下げを要請**するようになります。

そうなると、**業界全体で、EVでは利益が出ないという状況**になりかねませんね。

そう思います。今後を考えると、**世界的なコスト競争で勝てるのは中国だけ**かもしれません。

だから、**長いスパンで見た時に、EV関連の銘柄には投資できない**というのが、私の見立てです。
現在、EV向けの部品で好決算を出している企業もありますが、**将来的に利益率は下がっていくのではないか**と見ています。
コストが高くて、販売価格が高かったら、EVなんか普及しませんから。

たしかに、今乗っている車と同じぐらいの性能のEVが「500万円です」と言われたら、誰も買わないですよね。

買わないと思います。そう考えると、**EVの先行きは決して楽観できない**と考えています。

なるほど。
僕は同じテーマでも、フワッとした壮大なものでなくて、**カタリスト**（株価を動かすきっかけとなる材料やイベント）が描けるものなら、テーマで選んでもいいと思っています。
例えば、**事業再編**です。
日本は親子上場の企業が多いのですが、今、本当に**TOB**（買付け期間・価格・株数を公告して、不特定多数の株主から直接的に株式の買付けを行うこと）**が多い**です。
例えば、**日本製鉄**（**5401**）が**日鉄物産**（**9810**）をTOBする際、**かなりのプレミアム**（TOBによる買付け価格と市場株価との差分）を乗せていました。
これって、予想できることなんですけど、いつになるのかが分からない。
だから、なかなか持っていられないのですが、こういうのはテーマとしては、すごく良いと思います。
いずれにせよ、長期にわたる壮大なテーマを、短期の株価材料として取り上げるメディアに踊らされないようにしたいですね。

そう思います。
さて、本日は銘柄選びのコツについて、岡村さんにいろいろとお話を伺いました。
最終日の明日は「今後の投資戦略」について、岡村さんと議論を交わしたいと思います。
株式投資が難しいのは、**企業の業績が良いからといって、株価がうなぎ登りになるわけではない点**です。
個別株と言えども、全体相場の動向と無縁ではいられません。
ですから、**全体相場の流れを読むことが非常に重要**になるわけです。
では、**どうやったら、全体相場の流れを読むことができるのか？**
明日は、その点を岡村さんと一緒に明らかにしていきたいと思います。

3日目

3日目

お金を10倍に増やす投資戦略

～どんな相場でも負けない投資法～

株価の天井や底はどう見極める？

これからの相場において、**私が重要だと考えている格言が3つ**あります。

相場の重要な格言

①総悲観は買い

②休むも相場

③FRB（米連邦準備制度理事会）には逆らうな

この点については、順次お話ししたいと思います。

さて最終日の本日は、**今後の投資戦略**について、岡村さんと議論を交わしたいと思います。

よろしくお願いします。

相場には天井と底がありますが、全体相場の大きな流れは、基本的に景気と連動しているわけではありません。

どちらかと言うと、**全体相場は景気よりも先行**して動きます。例えば、「**景気が底を打ちましたよ**」というアナウンスが出た時には、**株価はすでに反転していて、かなり上昇**しているケースが多いです。
逆もまたしかりです。「**景気がこれから悪くなるぞ**」という時には、**株価はすでに天井を打っていて、かなり下落**した状況になっていることが多いです。

たしかに、そのとおりですね。

例えば、2021年のナスダックは、イケイケの状態でした。
この時は四半期決算で、**市場予想を上回る決算を出した会社が8割近く**にのぼりました。企業業績が堅調で、景気も良く、全てが順調な状態だったわけです。にもかかわらず、次のチャートが示すとおり、株価が上がらなくなりました。
チャートを見ると、その年の**7月下旬～8月上旬にかけて、それまで続いていた上昇トレンドが終わっていた**んです。

図㉗ ナスダック　週足　2020年1月～2022年12月

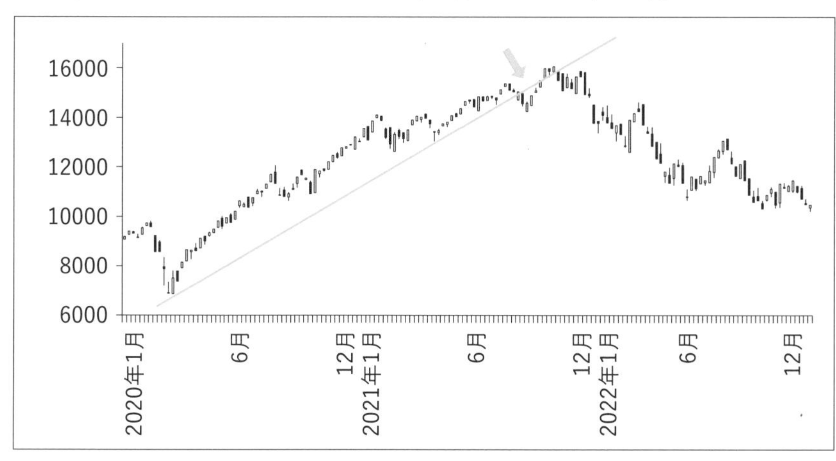

上昇トレンドが終わってから、株価はしばらく堅調だったものの、**11月下旬に最高値をつけて以降、大きな下落相場**に入りました。
夏場のチャートが、その後の方向性を示唆していたわけです。
これがチャート分析の重要なところで、**企業の業績や景気の動向よりも、チャートを見ていた方が相場の天井や底を知ることができる可能性が高い。**これが私の考え方です。

相場の大きな流れやトレンドを知るために、チャートを使うということですね。要するに大局観ですよね？

そのとおりです。
残念ながら、「これさえ見ていれば、相場の天井や株価の底を言い当てることができる」という指標やデータのようなものは存在しません。

そうですね。それは存在しません。

ですが、今までの経験則やチャートの形状から、「**そろそろ天井が近いのではないか**」とか「**そろそろ底打ちが近いのではないか**」というのは、何となく感じることができます。
いくら企業業績や景気が良くても、株価がいつの間にか上昇トレンドの下値支持線を割り込んで、ダブルトップ、もしくは三尊天井（トリプルトップ）を形成するような状況になってくると、今までの経験則から「株価はもう天井の可能性が高いな」と分かります。
ダブルトップやトリプルトップは、株価の天井でよく見られる現象です。

その他、何か相場の天井を見極めるサインはあるでしょうか？

相場の天井で起こりやすい現象として、**新高値の銘柄数が頭打ちになり、だんだん少なくなってくる**という点が挙げられます。
その中で、**ごく一部の勢いある銘柄が、相場全体を無理やり引っ張っていくような現象**が見られるようになります。
例えば、2021年のアメリカ株の終盤で言うと、その牽引役となったのは**GAFAM**でした。
2021年の終盤は、GAFAMの株価がアメリカの全体相場を大きくアウトパフォームしました。

機関投資家の「持たざるリスク」とは？

株価の天井という点で言うと、株価が天井をつける前に**「なぜか分からないけれども、株価が上がっている」**という現象もよく見られますね。
なぜ、そうした現象が起こるのでしょうか？

この点は、機関投資家やファンドの**「持たざるリスク」**という考え方（心理）が分かると、よく理解できます。
持たざるリスクとは何か？
簡単に言うと、**上昇相場において、株などを持たないことによって発生するリスク**のことです。
例えば、ファンドは人様のお金を運用しているわけですから、他のファンドに負けないパフォーマンスを出さなければなりません。
他のファンドに劣る運用成績しか残せなければ、解約されてしまうからです。
例えば、「**100億円解約**」と言われたら、彼らは100億円を現金化して返さなければなりません。
ファンドの売買動向については、岡村さんの方が詳しいのではないでしょうか？

噛み砕いて説明すると、低PBRの株を**バリュー株**と呼びます。
例えば、市場がそういう銘柄を好み始め、その一方でバリュエーション（企業価値評価）の高い**グロース株が不人気化するような場面**になったとしましょう。
こうした時に、仮に**リクルート**（**6098**）や**シスメックス**（**6869**）など、クオリティの高いグロース株でポートフォリオを組んでいると、**いくら見栄えの良いポートフォリオでも、パフォーマンスが悪化**してしまいます。
こうした時期に、**自分が持っていないバリュー株で、買いが買いを呼ぶような相場に発展すると、焦ってしまう**んです。
なぜなら、**他のファンドがバリュー株を持っていたら、成績で大きく負けてしまう**ことになるからです。
そうなると、自身の相場観とは関係なく、「**バリュー株を持っていないリスク**」が浮上します。
モメンタム（相場の方向性や勢い）がついたものに関して、「持たざるリスク」の浮上で、**さらにモメンタムを強める流れ**（この場合はグロース株を売って、バリュー株を買う流れ）が作られる。こうした現象が、**市場の原理**として存在します。
そして、いったんこうした流れが作られると、**業績とは関係ないところで、株価が動いてしまう**んです。

業績と関係のないところで株価が動くと、一般の個人投資家には訳が分かりませんね。

はい。**株価の上昇や下落は、個人投資家には理解しがたい、ある意味、魑魅魍魎の世界で動いている**んですよ。
こうした話をすると、株式投資で資産を10倍にしようという気持ちが吹き飛んでしまうかもしれませんね。
でも、それが現実だということを頭に入れておいてほしいです。

私が常々ファイナンシャルアカデミーの授業で話をしているのは、「**株式投資はすごい厳しい世界だよ**」ということです。
例えば、テニスや野球の世界では、プロとアマチュアが同じ土俵で戦うことは、ほとんどありません。
でも株式投資は、**プロもアマチュアも同じ土俵**で戦わなければなりません。だから、「**プロと戦うのが嫌なら、積み立て投資をしなさい**」という話をしています。
雨の日も風の日も、何も考えずにコツコツと積み立てをすればいい。「それ以外はやらない方がいいよ」という話をしています。

そういう世界だからこそ、どちらかと言うと、僕は**全体相場に左右されない銘柄を重視**しています。
例えば、日経平均に採用されてない銘柄やプライム市場に上場していない銘柄などです。
そうした中から、**中小型株で、誰も目を付けていないような銘柄を発掘して、時間をかけて資産を増やしていく。**
僕はこれが**ベストな方法**だと思っています。

先ほど「持たざるリスク」という話をしましたが、持たざるリスクは、機関投資家の中ではよく出てくる話ですね。
特にアメリカの場合、機関投資家は運用成績次第で給料が決まりますし、場合によっては、会社をクビになってしまうリスクもあります。

だから、時には「**FRB が 2023 年には利下げをしてくれるだろう**」という勝手なストーリーを作って、無理やり株価を押し上げるようなことまでやるわけです。
余談ですが、実は 2022 年の時点で、**債券の投資家と株の投資家とでは、相場についての見方が分かれていました。**

どのように見方が分かれていたのでしょうか？

彼らが何を言っていたのかというと、債券の投資家が言っていたのは「**これから金利が上がるなら、株も債券も買えるわけがない**」ということでした。
金利の上昇は、債券価格の下落を意味します。金利が上昇すれば、企業の資金調達コストも上がりますから、企業の業績を圧迫しかねません。**金利の上昇は、株価にとって大敵**です。
一方、株の投資家が言っていたのは、「**2023 年には金利が下がるから、株は買いだ**」ということでした。2022 年の下落相場の過程で「**底値は近い**」として、彼らは株を買い進めました。
歴史を振り返ると、こうした形で意見が割れた場合、**たいてい債券の投資家の見方が正しいことが多い**です。

そうなんですね。

「**持たざるリスク**」に話を戻しましょう。
株価が上がれば、持たざるリスクが意識されて、思いもよらず、さらに株価が上がってしまうという現象が起こりえます。

「持たざるリスク」という点で言うと、記憶に新しいのは、**テスラ株の上昇**ですね。一時期、テスラの株価が一気に上昇して、**時価総額でトヨタの数倍**といったことがありました。

時価総額でテスラがトヨタの数倍というのは、理屈では全く理解できませんが、それも**持たざるリスクで、テスラ株に資金が流入した結果**です。
株価が上がると、空売りをする投資家も出てきますが、それ以上の勢いで株価が上昇するため、耐えきれなくなって、**空売りの買い戻し**をする。空売りの買い戻しによって、さらに株価が上がる。そうしたスパイラルで、テスラ株はぐんぐん上昇していきました。こういう現象を**「踏み上げ」**と呼びます。
テスラ株のような「**爆上げ現象**」は、株式市場では、ちょくちょく起こりますし、**上昇のラストスパートでは「踏み上げ」の力が主役になっている場合が多い**です。
下がると思って空売りしていた人が、損失拡大にギブアップして、ロスカットですごい高値で買い戻す。**この買い戻しが、高値更新を導く**という流れです。

図㉘ テスラ　月足　2019年1月～2023年3月

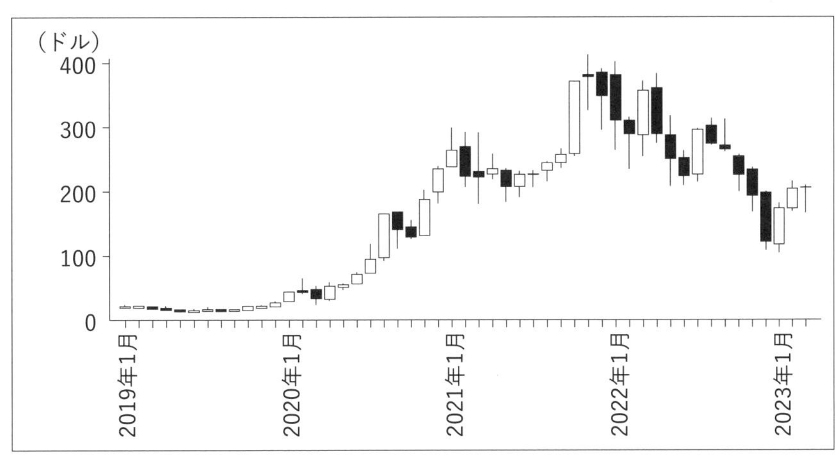

そういったパターンはよく見られますね。
いずれにせよ、**なぜ上げたのか、なぜ下げたのかを、自分なり**

に考えて、整理しておくことが重要ですね。

そうですね。その点で言うと、チャートを見ながら、**出来高をチェックすることも大事**だと思います。
例えば、同じ急落でも、出来高が多いのと少ないのとでは、意味合いが全然違います。
出来高が多くて急落しているということは、**売りが殺到**しているということです。逆に、出来高が少なくて急落しているということは、買い手も売り手も少なく、**みんなあまり心を入れて売買していない**ということです。
なぜ株価が上がったのか、なぜ株価が下がったのかは、チャートだけを見ていても分かりません。
ですから、出来高にも注意を払いながら、自分なりに考える習慣を身につけることが大切だと思います。

一目均衡表やMACDは要らない！

トレンド分析に話を戻しましょう。なぜ、私がチャートを重視するのか？
例えば『**相場の心理学　愚者は雷同し、賢者はチャートで勝負する**』（**ラース・トゥヴェーデ著、赤羽隆夫訳、ダイヤモンド社刊**）という本には、次のような記述があります。

> メディアは相場の動きを政治的なできごと、あるいは経済的なできごとの変化に結びつけて説明しようとするが、ディーラーたちの理由づけは非常に違ったものである。彼らはこんな言い方をする。「われわれはチャネルのなかで

売買している」「われわれは今抵抗線を試している」「二〇日移動平均線を突破したが、ROC（変化率、後述）が九〇を超えるだろうから、明日は売りに回る」
（中略）したがって、チャート分析が広範囲に利用されている事実の背後には、それが単に市場マインドを読み取るテクニックに止まらないという点がある。ときにはチャート分析が市場心理を左右する。しかし、このルールにはどんでん返しがあることを忘れてはならない。もし（ほとんど）全員が同一の分析をすれば、もはや自己強化的ではなく自己破壊的になるという点である。

難解でまどろっこしい書き方ですね。
「もっと分かりやすく書いてよ」と思いますが、要するに、**チャートはみんなが見ている**ということです。
みんながチャートを見ながらトレーディングをしているので、その流れがより強化される傾向がある。つまり、みんなが見ているからこそ、チャートは重要なんです。
チャートには「**みんながそっちに動くと思うから、そちらに動く**」**という、自己強化的な機能**があります。
そう信じて行動する人が多ければ多いほど、そのシグナルが実現する可能性が高い。それが**チャートの特徴**です。
法則性とまでは言えないかもしれませんが、大きな流れを見るためには、**確率的にかなり信用できる。**経済指標や企業業績と比べても、より信用できると言えます。
だからこそ、**チャート分析は重要**というのが私の考え方です。

なるほど。

チャート分析はテクニカル分析の１つですが、テクニカル分析と言うと、何だか複雑に聞こえるかもしれませんね。
でも、テクニカル分析は、**本当にシンプルで当たるものだけ採用すればいい**と考えています。
だから、私は**チャート分析だけで十分**だという立場です。
自分でトレンドラインを引いて、現在は上昇トレンドにあるのか、ボックストレンドにあるのか、それとも下降トレンドにあるのか？
上昇トレンドや下降トレンドの終盤では、どういったサインが出やすいのか？
その程度でかまいません。基本的なチャートの本を１冊読めば、そのあたりの知識は十分に身につくでしょう。
ネット証券の普及によって、**一目均衡表やMACDなど、いろいろと説明が難しい手法がテクニカル分析で使われるようになりましたが、そんなものは一切必要ありません。**
そもそも一目均衡表なんて当たりませんから。

本当にそのとおりですね。
現在の東証の注文の**約75％**、約定の**約50％**は**HFT**（High Frequency Trading の略）**と呼ばれる超高速高頻度取引**で行われているとされますが、こうした注文量の多い取引業者は、**人間のテクニカル分析とは異なるアプローチでプログラム**を組んでいたりします。
中原さんがご指摘のとおり、テクニカル分析は、相場の大局を知るうえでは必要かもしれません。
ですが、**複雑な手法は一切不要**です。
マニアックなテクニカル分析のために、高額な教材を買ったり、セミナーに行ったりする人たちがいますが、本当にやめた方がいいです。時間とお金のムダなので。

皮肉な話ですが、**金融工学によって精緻さを求めれば求めるほど、逆に当たらなくなってしまう**んですよね。

それよりも、**単純なトレンドラインの方が当たる可能性が高い**です。

例えば、トレンドをきちんと見ていれば、**2021年4月の時点で「日経平均の上昇トレンドは終わりが近い」**と感じられたはずです。

また、5月の時点で日経平均の上昇トレンドが終わり、**ボックストレンドに入った可能性が高い**ことが認識できたと思います。

図㉙ 日経平均　日足　2020年12月〜2021年5月

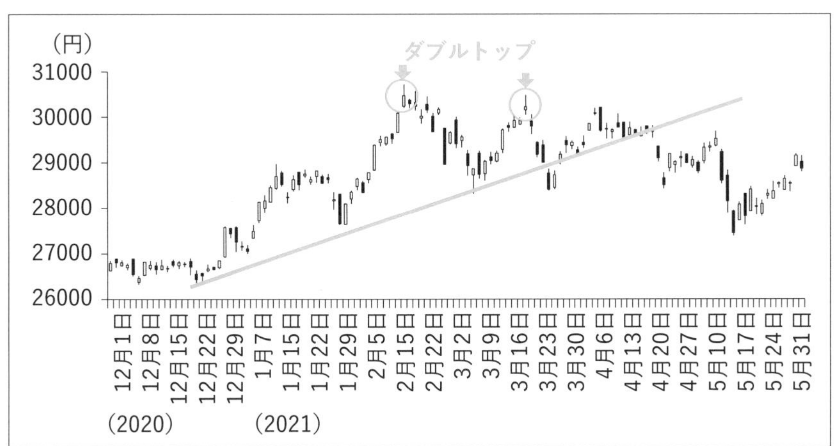

実際に当時（2021年4月初旬）、私はある業界紙のコラムに**次のページの記事を執筆**しました。

次のページへ

テクニカルに日経平均とTOPIXを比較した時、日経平均の方が先行きは明るくない。というのも日経平均は、2月16日の高値3万467円と3月18日の高値3万216円をダブルトップとしたチャートを形成してしまった。（補足：上昇トレンドは終わったわけではないが）上昇トレンドはいったん終了したという見方ができる。

この頃、強気な証券系のアナリストたちは「**日経平均はまだまだ上がりますよ**」と言っていました。
ですが、私からすれば、「**何を言っているんだろう。それはトレンドラインを見ていれば分かるでしょう**」という話でした。
複雑な分析をしなくても、相場の方向性を大まかに予測することは十分に可能だと思うんですけどね。

そう思います。
例えば、中原さんが自分の母親に株をすすめる時に「**一目均衡表がどうだ**」とか、「**MACDがどうだ**」といった説明をするでしょうか？

いや、絶対にしませんね。

そうですよね。
それよりも「**この会社はこんなところがすごいから、今のうちに株を買った方がいいよ**」といった説明をするはずです。
機関投資家も同じで、彼らにとって重要なのは、**企業価値などの「目に見えない情報」**です。
その発掘に、彼らは時間とお金をかけています。

誰もが見て分かるチャートの情報に価値はなく、少なくとも、彼らがチャートを売買の基準にすることはありません。
だからこそ、**テクニカル分析をするにしても、本当にシンプルでいいい**んです。
複雑なテクニカル分析に時間をかけるくらいなら、健康のために運動するとか、もっと他のことに時間を割いた方がいいと思います。

本当にそのとおりですね。

テクニカルというのは、結局、銘柄を選ぶ材料にはならないんですよ。
だから、いくらテクニカルを勉強しても、資産を10倍に増やす株に出会うきっかけは作れません。
「すごい銘柄を見つけること」と「いつ買うか」は全くの別物で、テクニカル分析が有効なのは後者です。
例えば、自分が良いなと思う銘柄は、みんなも良いなと思っている可能性があって、その人気がすでに株価に織り込まれている場合があります。
だから、トレンドを確認することは大切ですが、トレンドで銘柄選びはできません。

大事なので繰り返しますが、**テクニカル分析はシンプルでいい**というのが我々の結論です。
シンプルなチャート分析でも、2021年後半にアメリカ株の上昇トレンドが終わったことは、他の投資家たちが強気でいる時であっても、いち早く知ることができました。
周囲が「**まだ上がる**」「**まだまだ上がる**」と言っているうちに、「**ダブルトップだ**」「**トリプルトップだ**」となって、ズルズルと株価が落ちていったわけです。

上昇トレンドが終わっていることが分かっていれば、他の投資家たちが「あれ、株価がおかしいぞ」と言う前に、**余裕を持って次の戦略を練る**ことができます。

「すでに上昇トレンドが終わっているから、ポジションを大幅に整理した方がいい」「全てキャッシュにした方がいい」といった具合に、事前に判断することが可能になるわけです。

上昇トレンド時の投資戦略

それでは、**各フェーズ（上昇トレンド時、ボックストレンド時、下降トレンド時）の投資戦略**について、それぞれ解説しましょう。

私は**「積極的に運用する時期」「安全に運用する時期」「運用を控える時期」**の３つに分けて、基本方針を立てています。

これは万人に共通の運用方針なのでしょうか？

いえ、あくまでも**初心者向けの方針**です。

初心者の場合、スパッと損切りできない方やリスク管理をできない方が多いです。

だから、より安全な指針を示していますが、ご自身で損切りできる方、リスク管理ができる方は、私の言うとおりでなくてもかまいません。

まずは上昇トレンドですが、上昇トレンドの時はどうすればいいのでしょうか？

全体相場が上昇トレンドにある時は「積極的に運用する時期」になります。

例えば、日経平均やTOPIXに連動しやすいETFや個別株（個別株は分散投資が基本）は、全体相場と同じように動きますから、**下値支持線を下回らないかぎり、持ちっぱなし、ほったらかしでかまいません。**

ほったらかしでかまわないのですが、日足で見ると、けっこう値動きがあるので、**器用な人の場合は、下がった時に買い、上がった時に売るのを繰り返してもいい**でしょう。

いずれにせよ、上昇トレンド時は、**株式の保有比率を100%に近い形**にして、積極的に運用していい時期です。

過去の経験から言って、上昇トレンド時は、**年率30%**ぐらいのパフォーマンスは簡単に出せます。

図㉚ 上昇トレンド時の基本戦略

積極的に運用する時期＝株価が上昇トレンドにある局面

「トレンドが終わるまで保有し続ける」
または
「調整時に買い、上昇時に売る」の反復

- 株式の保有比率90～100％
- 年率30％を狙う

ボックストレンド時の投資戦略

次はボックストレンド時ですが、この時はどのように対応すればいいのでしょうか？

全体相場がボックストレンドにある時は「安全に運用する時期」になります。
初心者の場合、ボックストレンド時に目一杯の資金を注ぎ込むのは少し怖いです。
ですから、**株式の保有比率を 30％**ぐらいにとどめます。

図㉛ ボックストレンド時の基本戦略

安全に運用する時期＝株価がボックストレンドにある局面

「ボックス圏の下限に来たら買い、
ボックス圏の上限に来たら売る」の繰り返し

● 株式の保有比率30％程度
● 年率10％を狙う
※変動率が高い年は年率30％も狙える

ボックストレンドの時は、ある程度の時間が経過すると、**上値抵抗線**と**下値支持線**を引くことができます。
例えば、日経平均の上値抵抗線が **3 万円**、下値支持線が **2 万 6000 円**だとすると、**中央値は 2 万 8000 円**になります。
この場合、**日経平均が 2 万 6000 円から 2 万 8000**

円の時に買い、2万8000円から3万円の時に売る。つまり**調整時に買って、上昇時に欲張らずに売る。**
これを繰り返すことで、最低でも年率10%を目指します。
ボックストレンド時に株をほったらかしにしておくと、株価が上げ下げして、資金効率が悪くなります。
ですから上昇トレンドの時とは異なり、こまめな売買が必要になります。
これが、ボックストレンド時の王道の投資戦略になります。

2022年はロシアのウクライナ侵攻などもあって、ボラティリティ（価格変動の度合いのこと）の高い相場でしたね。

ボックストレンド時は、ボラティリティが高ければ高いほど、利益を上げることができます。
実際、2022年はこの戦略に沿って、**日経平均と連動性の高い銘柄を売買**していれば、年率10%どころでなく、**上昇トレンド時と遜色ない利益**を上げることができたはずです。

図㉜ 日経平均　週足　2022年1月～12月

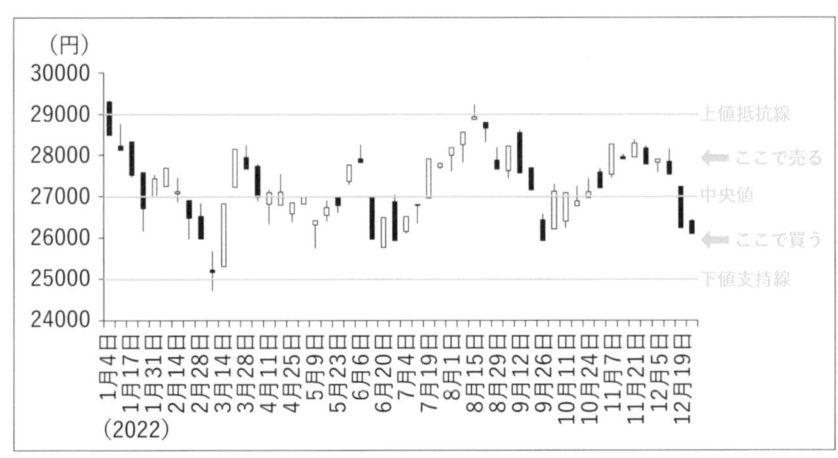

ちなみに、ボックストレンド時は**株式の保有率 30%**を基本戦略にしていますが、**リスク管理**をしっかりできる方であれば、50%でも 80%でもかまいません。
「そこはお好きにどうぞ」というのが私のスタンスです。

「リスク管理」というお話が出ましたが、リスク管理について、もう少し詳しく教えていただけますか？

機関投資家でも「**リスクとは何か**」を分かっていない方がけっこう多いですね。
特に、**地銀の運用担当者などは、そのあたりを全然理解していない方が多い**です。
だから、米国債などでかなりの含み損を抱えてしまうのだと思います。

中原さんがおっしゃる「リスク」とは何でしょうか？

一言で言うと、「不確実性」です。
リスクと言うと、「危険」という言葉を思い浮かべる方も多いと思いますが、投資の世界のリスクは「不確実性」のことを言います。

不確実性というのは、具体的にどういうことでしょうか？
もう少し分かりやすく教えていただけますか？

簡単に言うと、**世の中って、分からないことだらけ**なんですよ。先のことなんて、誰にも分かりませんよね。
そうした中で日々情報が更新されていくわけですから、その中で柔軟に対応を変えていく必要があります。

要するに、リスク管理というのは、**不確実な状況にいかにうまく対処していくか**ということです。
例えば、2022年2月のロシアによるウクライナ侵攻は、2022年の年初、誰もが想定していませんでした。
でも、いざ侵攻となったら、「**これからエネルギー価格が上がりそうだな**」とか「**今までの投資スタンスを変更しなければならないかもしれない**」とか、考え方や投資戦略を迅速、かつ柔軟に変えていかなければならないわけです。

なるほど。よく分かりました。

下降トレンド時の投資戦略

「リスク管理とは何か」を踏まえたうえで、最後に下降トレンド時の戦略について、お話しいただけますか？

上昇トレンド、ボックストレンド、下降トレンド。
この3つの中で、**実は一番大事なのが、下降トレンド時の対処方法**です。
全体相場が下降トレンドにある時は「運用を控える時期」になります。
下降トレンドが明らかになったら、**迅速に保有する株式の現金化**を進め、できる限り100%に近づけて、**損をしないこと（年率0%）を目標**にします。

図㉝ 下降トレンド時の基本戦略

運用を控える時期＝株価が下降トレンドにある局面

「現金化を進め、100％に近づける」

●年率0％（損をしないこと）を目標にする
※この時期に大きな差が生まれる

ちなみに**景気後退期のアメリカの株価の下落率は、過去の平均では30％以上**です。
世界大恐慌時を除き、一番落ちたのはリーマンショック時で、**高値から50％以上下落**して、**半値以下**になりました。
その他の景気後退期の下落率は、20％台～30％台のケースが多いです。
この期間に株をほったらかしにしていると、かなりの痛手を負う結果になります。
元に戻るまでには長い時間を要するので、その分、機会損失になります。やっぱり、そこはどうしても避けたいところです。

たしかに、そのとおりですね。

実は、株式投資は「利益をたくさん得よう」という考え方よりも、**「いかに損失を少なくするか」に重きを置いた方が、長期的なパフォーマンスがはるかに良くなる傾向**があります。

だから下降トレンド時の初期は株を売り、できる限り現金化して、いかに損をしないかが重要です。でも、**これを実践できない個人投資家が、あまりにも多い**んですよ。
例えば、**現金比率100%は、機関投資家には絶対にできません。**
でも、個人投資家は、これができるんです。
その点に限って言えば、私は**機関投資家よりも、個人投資家の方がはるかに有利**だと思っているのですが、いかがでしょうか？

同感です。個人投資家は、資産を増やす時に、実は圧倒的に優位な立場にいます。
例えば300万円ぐらいの資金から始めて、**5年で1億円**、つまり億り人になった個人投資家がけっこう出てきています。
もちろん相場環境が良かったというのもありますが、**5年で33倍近い実績というのは、機関投資家ではとても作れません。**
なぜ個人投資家の方が、機関投資家よりもパフォーマンスが良くなるのか？
それは**運用額が少ない方が、圧倒的にパフォーマンスを出しやすい**からです。
まとまった資金を運用しようとすると、どうしても流動性の高い銘柄でなければならないので、選択肢が狭まってしまいます。
つまり、**運用額が大きくなればなるほど、投資は難しくなる**んです。

昔と違って、今の時代は情報の格差があまりありません。
ですから、個人投資家であるがゆえに有利に立てる点を最大限に活かせれば、**機関投資家とほぼ対等か、もしくはそれ以上に個人投資家は戦えるはず**です。

そのとおりですね。

先ほど、中原さんから「不確実性」というお話が出ましたが、不確実という意味で言うと、僕が一番強烈だなと思ったのは、**BREXIT（ブレグジット）**の時です。
あの時、**日経平均の先物が一瞬で1000円近く暴落**しました。
過去のトラックレコード、例えば「**大きな地震があったら、日経平均がこれぐらい下がる**」というのは、すでに分析をされているので、だいたい予測できるんですね。
ですがブレグジットのように、**今後にどう影響するか分からない、過去に事例のない事象**が発生すると、このような事態が起こりえます。
例えば、**2016年の大統領選挙でトランプが勝った時**もそうでした。**市場が一瞬バグった状態**になってしまうんですね。
こうした時、資金の90%以上を株で運用している機関投資家は、全てをキャッシュに戻すことはできません。
彼らにできるのは、**先物を売って、リスクをヘッジ**するという対応ぐらいです。

個人投資家には、そのような制約はありませんからね。

個人投資家の強みというのは、こうした時に、自由にやれることです。
全ての資産を現金化して、しばらく何もしないことも可能です。
それは**個人投資家の特権**ですから。
だから個人投資家でも、機関投資家を凌ぐ運用成績を出すことは、十分に可能なんですよ。
しかし、ここで個人投資家が勘違いしてはいけないのは、「**俺はプロより投資がうまいんだ**」と思い込むことです。
投資に関しては、たぶんプロの方が詳しいです。
プロは人様のお金を預かり、一定の運用方針に沿って、ロングで投資をしなければなりません。

そうした制約がある中で、個人投資家を凌ぐ運用成績を出すのは、なかなか難しいということです。

いずれにせよ、個人投資家は**超有利な立場**にあることを忘れず、謙虚に、自信を持って投資に臨んでほしいですね。

相場で長生きする人が実践する「ショック時の対処法」

下降トレンドについて、もう少し説明を加えておきます。

例えばNYダウで言うと、**2007年11月から2009年2月まで、ほぼ1年4カ月下がり続けました。**

図㉞ NYダウ　月足　2007年1月～2009年12月

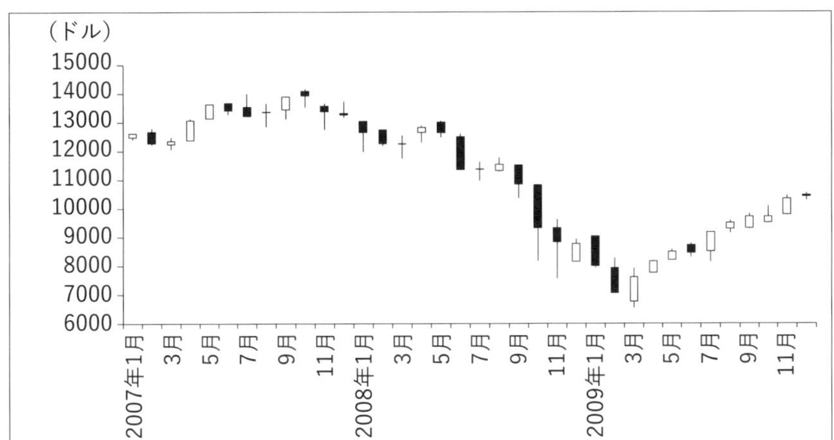

そして、**元に戻るのに7年**近くかかっています。**次のページのチャートの◯をつけた部分**になります。

図㉟ NYダウ　年足　2003年～2022年

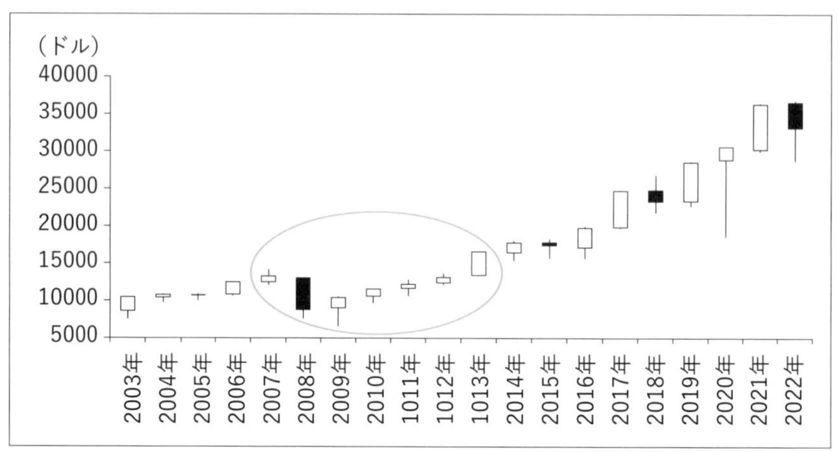

下降トレンドの特徴は、いったん始まると、けっこう長いということです。
この期間は、投資家にとって、**かなり厳しい時期**なんです。
だから、この時期に、**いかに損をしないかが重要**です。
相場の格言どおり「休むも相場」というのが、私の考え方です。

ただ下降トレンドというのは、あくまでも、**あとから振り返ってみて分かる話**ですよね？
そうした点では、**テンバガーと同じ**です。
下げ相場が長く続くかどうかは、今、この時点では分からない話ですから。
であれば、**その期間に何もしないのはもったいない**というのが僕の考え方です。
せっかく若い時に投資を始めても、**何もしない期間が長ければ、時間をムダにするだけ**だと思います。

何か対処法はありますか？

先日、株のディーラーをやっている人と一緒にセミナーをやる機会があって、その人から、すごい面白い話を聞きました。
相場で長く活躍するための秘訣です。
過去15年間のスパンで見ると、**7回ぐらいのショック安**がありました。
2008年の**リーマンショック**、2011年の**東日本大震災**、2012年の**欧州債務危機**、2015年の**チャイナショック**、2016年の**ブレグジットショック**と**トランプショック**、それから2020年の**コロナショック**です。
だいたい2年に1回ぐらいは、世間で「○○ショック」と呼ばれるような危機が起こっています。
では、そういう時にどうすればいいのかと言うと、**寄り付きで全部売る。**これが**一番大事**とのことです。
例えば**NISAで長期保有の銘柄を持っていたとしても、関東で信じられないような大きな地震が起こったら、すぐに全部売って、現金化する。**これが一番大事みたいです。

それは「自分の思い描いたストーリーが崩れた時」という認識でいいのでしょうか？

ストーリーというよりも、過去のショック時を振り返ってみると、**最強の売り時は全て、寄り付いた最初の値段**らしいんです。
実際に、**コロナショックの時**もそうでしたよね？
イタリアで感染者が増えたあと、急にざわつき始めました。
アメリカで重症者が出た瞬間に、株価が大きく下落して、**2週間ぐらい下がり続けました。**

もし最初の寄り付きの段階で売れていたら、**2週間の下落の影響は受けずに済んだ**わけです。

東日本大震災の時も、そうでしたね。

あの時は福島原発がメルトダウンになり、訳の分からない状況に陥りました。

市場は不透明な状況を嫌います。

経済損失を数値化できない状況下では、**成り行きでもいいから、素早く売ることが肝心**です。

あの時もそうでしたが、みんなが福島原発の事故を感覚的に理解できるようになった頃に、**株価は必ず反発**し始めます。

だから、その時に買い戻す。その時のために、現金を持っておかないといけません。

急落を待つのではなく、急落に素早く対処するということですね？

そのとおりです。

中原さんがおっしゃる「急落を待つ」という戦略は、みんながやりたいことなんです。

でも、**急落はいつ来るか分かりません。**

だから、それを待っているのではなく、いざ急落が来たら、素早く売る。話を聞いたディーラーの方は、そうやって動いているそうです。

これは個人投資家もマネすべきだと僕は思いました。

これから長く投資する、資産を10倍にする過程では、何度かのショック安は必ずあるでしょうから。

必ずありますね。

その時には、ためらわずに一度、全てキャッシュ化する。
素早くキャッシュ化できるのが個人投資家の強みです。

私も投資スクールなどでは**「買いはスローで、売りは素早く」**という話をしています。
なぜ、こういう話をするのかというと、**逆をやってしまう人があまりにも多い**からです。
素早く飛びついて、損切りすべき時に損切りしないで、「**いつか戻るだろう**」とずっと持っている。逆なんですよ。
買う時は、打診買いを入れながら、じっくりでいいんです。
一方、損切りや利益確定は、素早くやらないといけません。
特に損切りはそうですね。**損切りをやろうと思ったら、すぐに投げないとダメ**です。
そうしないと悪循環で、どんどん含み損が膨らんでいくケースに陥ってしまいますから。

何か具体的な事例はありますか？

2022年だと、**ペガサスミシン製造（6262）**（現在、社名はPEGASUSに変更）などの**円安恩恵銘柄**ですね。
円安恩恵銘柄は、そもそも円安でオーバーシュートして買われていたわけです。
ですから、円安の巻き戻しで、円高になると、その逆回転はすさまじい動きになります。
だから、「**円高が来るな」と思ったら、素早く手放さないとダメ**です。

ペガサスミシン製造はだいぶ株価が落ちたんですね。

円安を追い風に業績が伸びていたのですが、買われ過ぎた感はありました。その後、円安トレンドが終わると、株価も一緒に落ちていきましたが、その過程で**「安い」と考えて、信用買いをする人が増えました。**
でも全体相場と一緒にさらに下がって、信用買いが投げる。
下がったら、また信用買いが入って、信用買い残が増える。
そういう悪循環に陥りましたね。

図㊱ PEGASUS(6262)　週足　2022年1月～12月

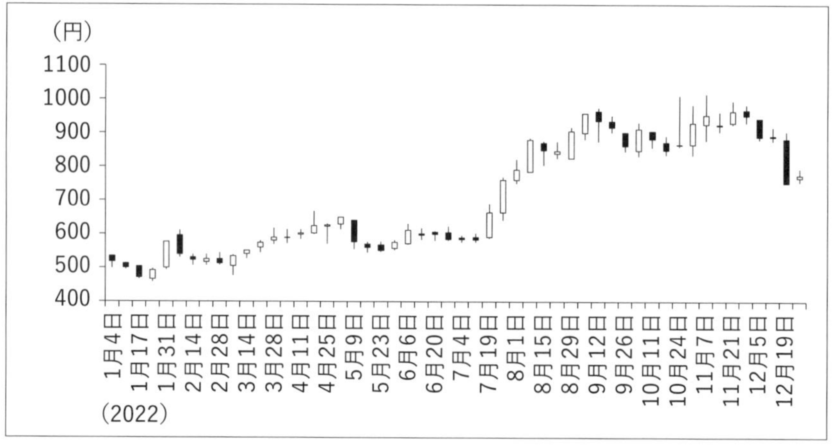

そうした**需給の悪化**はありがちですね。

三井ハイテック（**6966**）や**フルヤ金属**（**7826**）も同様でした。
「こんなに業績が良いのに、どうしてこんなに下がるのか」というところまで下がりました。
内容が良い株に限って、中途半端なところで信用買いが入り、信用買い残が増えてしまうんです。

でも結局、全体相場と一緒に下がって、投げさせられる。そういうパターンです。
内容が良い株ほど注意が必要です。

いずれにせよ、**下げ相場でも、機関投資家は株のウエイトを維持しないといけません。**
ということは、その時の相場で相対的にリスクが低い銘柄、例えばアメリカ株の下落に巻き込まれにくい銘柄などで、彼らは**防衛的なポジション**を組むしかありません。
そう考えると、**絶対に何かにお金が行くわけですから、そういう時に選ばれそうな銘柄を探してみるといい**と思います。
少額から始めて、資産を10倍にしたいと思っている人は、できる限り動きを止めず、何らかの銘柄を持っていた方がいい。
「下げ相場になりそうだから、何もしない」と言うのであれば、そもそも株式投資はしない方がいいと思います。

たしかに**リーマンショックが起こった2008年**に、TOPIX指数を構成する1712銘柄のうち、**年初から株価を上げた銘柄は195**もありました。**全体の10%以上**です。
あの時は金利の上昇ではなく、金融危機でしたが、そういう中でも、業績をきちんと伸ばせた会社は、株価を上げることができたわけです。
こうした銘柄は、全体相場が下がった時に、ある時点までは一緒に下がります。
でも、「**金融危機でも業績が良いね**」となった時に、上昇して、最終的には「**金融危機でも株価が上がりました**」という話になります。
大事なので繰り返しますが、「**下げ相場の時は、損をしなけれ**

ば御の字」「**間違っても儲けようとしてはいけない**」というのが、私の基本的な考え方になります。

ですが、外部環境の悪化を跳ね返せるような業績の伸びを示せる企業を自分で発掘できるのであれば、下げ相場で投資をしてもかまわないと思います。

「**そこは個人が取れるリスクの範囲で、ご自由にどうぞ**」というのが私のスタンスです。

ライブドアショックで資産が半減

中原さんは、株式投資の経験が長いと思うのですが、始めた当初から、リスク管理はずっと意識していたんですか？

いえ、始めた当初は全然意識していませんでした。

実は、私は**2006年のライブドアショック時に、資産を半減させた経験**があるんですよ。

それから、**リスク管理を徹底**するようになりました。

資産半減は厳しいですね。中原さんが株式投資を始めた当時の話を少し聞かせてください。

私は100万円から株式投資をスタートさせたのですが、当時を振り返ってみると、**1000万円を超えるまでが1つの壁**だったと思います。

300万円までは、比較的簡単にいったんです。

ただ、そこからがなかなか増えなくて、**「1000万円のハードルは高いな」**と感じていました。

1000万円を突破するまでは、かなり時間がかかったと記憶しています。

1000万円を突破してからは、どうだったのでしょうか？

1000万円を超えてからは、早かったです。
評価額で1億円ぐらいまでいったのですが、その時に**ライブドアショック**が起こりました。

それで資産を半減させたわけですね？

はい。1億円の評価額だったのが、5000万円ぐらいになってしまいました。
だから、次の年の納税が非常に厳しかったのを覚えています。
当時は大証ヘラクレスだったのですが、振り返ってみると、**2020年後半のマザーズ市場に似ていた**ように思います。
熱狂と言うか、**変な楽観ムード**に支配されていました。
本来であれば、「**そんな実力はないだろう**」と思える会社が、実力以上に買い上げられていました。
当時は、億り人という言葉はありませんでしたが、億単位のお金を稼いだ人がたくさんいたんです。
でも新興市場の暴落で、大半の億り人が消えていきました。

なぜ、中原さんは生き残ることができたのでしょうか？

私がかろうじて生き残ることができたのは、**現物取引しかやっていなかった**からです。
当時から、私は信用取引の怖さを分かっていたので、信用取引には手を出しませんでした。
やっていたら、おそらく元金を全部なくしていたと思います。

一方、当時の有名な投資家たちは、**信用取引の二階建て**をやっていた方がけっこういたと思います。
二階建てをやっていた人たちは、大半が消えていきました。

資産を半減させたということは、損切りできなかったということでしょうか？

今、振り返ってみれば、**損切りのタイミングが遅れた**ということだと思います。
でも、あの時の経験があったからこそ、それを教訓にリスク管理を徹底するようになり、**リーマンショック時は無傷**で乗り切ることができました。
「二度と同じ過ちを繰り返さない」と心に誓い、全体相場のトレンドを見ながら、リスク管理を徹底することで、今も投資家として生き残ることができています。あれが投資家として一皮むけた、**私の原点**ですね。

その時の経験をもとに、リスク管理として、「上昇トレンド時」「ボックストレンド時」「下降トレンド時」の投資法が確立されたわけですね？

そのとおりです。
繰り返しになりますが、**株価が天井を打つのは、まだ企業業績に陰りがなくて、勢いが良い時**です。その時に、天井を打つわけです。
でも、そのタイミングって、普通は分かりませんよね。
だから、**チャートが頼り**になるんです。
経験的に言えるのは、**チャートには先見性がある**ということです。たいていは全体相場のチャートが天井を打ってから、そのあとに景気後退が来ますから。
みんなが「景気後退だ」と騒ぎ出す前に、株価はガツンと下がるものなんです。
そうしたリスク管理が分かっていれば、大証ヘラクレスであんな失敗はしなかったんですけどね。良い経験になりました。

下降トレンドの時こそ「大化けする会社」が生まれる！

リスク管理とは、少し異なるのですが、私は**「秤にかける」**ことも重要だと考えています。
秤にかけるとは、どういうことか？
例えば、**個別株A**があったとしましょう。過去6カ月なり、1年なりのチャートを見ると、**1000円前後でダブルボトム、あるいはトリプルボトムを形成**していたとします。おまけに、次の四半期の業績は、月次などを見ると良さそうです。
そういう状況下で、その個別株Aが**1100円**だったとしたら、どういった投資スタンスで臨めばいいのでしょうか？
私だったら、**「100円の損失を覚悟して、500円の利益を取りに行く」**という考え方をして、買いに行きます。100円の損失リスクで500円の利益を取りに行けるのであれば、勝てる算段の方が大きくなるからです。
一方、**仮に同じ500円の利益を取りに行くとしても、それと同時に500円の下落リスクがあるのでは、割に合いません。**
その場合、買いは見送ります。

なるほど。新人ディーラーの教育では、同様のことが教えられるようです。
例えば、ある銘柄に投資をして、**4%の含み損**を抱えたとしま

しょう。
それに耐えていると、プラスに転じて、**1%の含み益**が出て、そこで利益を確定させたとします。
そうすると、利益を出しても、怒られるらしいです。「**下は4%まで我慢できたのに、どうして上は1%なんだ**」と。
要するに、**「リターンがリスクに見合っていないじゃないか」**ということです。
そういう**利小損大**の投資をしていると、いつかやられてしまいますから。

その点は、プロもアマチュアも同じですね。何か他に大事な点はあるでしょうか？

あと大事なのは、繰り返しになりますが、その銘柄が「**ファンダメンタルズが良い**」と思って買ったのか、それとも「**テクニカルが良い**」と思って買ったのかをはっきりさせることですね。
この点を混ぜてしまうのは良くないです。
例えば、四半期の決算を見て、「**通期の業績が上振れそうだ**」と思って買った場合、テクニカルを見て、短期で売るのはやめた方がいいです。短期で売ってしまうのなら、業績は関係ありませんから。
同様に、デイトレードで入ったのに、「**予想外に上がったから、決算まで持ってみよう**」とか、そういうこともやめた方がいいです。そうなると、本当に訳が分からなくなってしまいます。
投資のポリシーをきちんと持つことが大切だと思います。
このあたりは、中原さんはいかがですか？

私の場合、基本的にはチャートや日々更新される情報を見なが

ら、柔軟に対応を変えています。
柔軟に対応することが一番大事で、これは投資に限らず、ビジネスの世界でも必要とされるスキルです。
もっと広く言えば、**生きていくうえで重要なスキル**ですよね。
このあたりはどうでしょうか？　個人投資家が柔軟さを身につける方法は、何かあるでしょうか？

まずは、今がどういう相場かを見極めることが重要だと思います。
例えば日経平均のチャートを見ると、パッと見て、ローソク足の陰線が多いのに、株価が上がっている時期というのがあるんですよ。
アメリカ株が強くて、300円高で始まったけれども、最終的には200円高で終わったというパターンです。
アメリカが強い時には、こういうことが起こりやすい。アメリカが強いから、日本もついていくというパターンです。
実は**アベノミクス相場の時が、このパターン**だったんですよ。
こういう時にデイトレードで勝負をしても、高いところで買って、安いところで売る形になってしまうので、利益が出ません。
こういう時は、長期投資の方が利益が出やすいです。

逆のパターンもありますね。

あります。陽線が多い下げ相場というのもあって、**2022年はこのパターン**でした。
実は2019年からの4年間で、**2022年は最も陽線の比率が高かった**んですよ。
安く始まって、日本の人の買う力で、陽線で終わる。でも、次の日はさらに安いところから始まって、また陽線で終わるというパターンです。
こうした時は、**長期投資よりもデイトレードの方が有利**です。
だから**下降トレンドでも、やりようによっては、資産を増やすことは可能**なんです。

相場のパターンを見極めることができれば、柔軟な対応が可能になるということですね。

そのとおりです。**下降トレンドも柔軟に対応できればチャンス**なんです。
実際に私の知り合いの著名な個人投資家でも、**下降トレンドの時に資産を膨らませて、大きな投資家になった人**がけっこういます。なぜなら**下降トレンドの時にも、すごく大きな変化をする会社はある**からです。
そうした意味で言うと、良い例は**ガンホー・オンライン・エンターテイメント（3765）**ですね。
多くの個人投資家や機関投資家が今も夢見ているのは、ガンホーのような銘柄の再来です。
ガンホーは流動性が高くて、**1年足らずで株価が100倍以上**になりました。
ガンホーがフィーバーしたのは2012年ですが、あの頃を少し振り返ってみると、電車の中でスマートフォンをいじりながら、「**パズドラ**」をやっている人が徐々に増えていました。
3カ月ごとの決算のたびに、「すごい」「またすごい」となり、日本のことを知らない外国人投資家が、あとからガンホーを買いにきて、株価が大きく上昇しました。

図㊲ ガンホー(3765) 週足 2012年1月～2013年12月

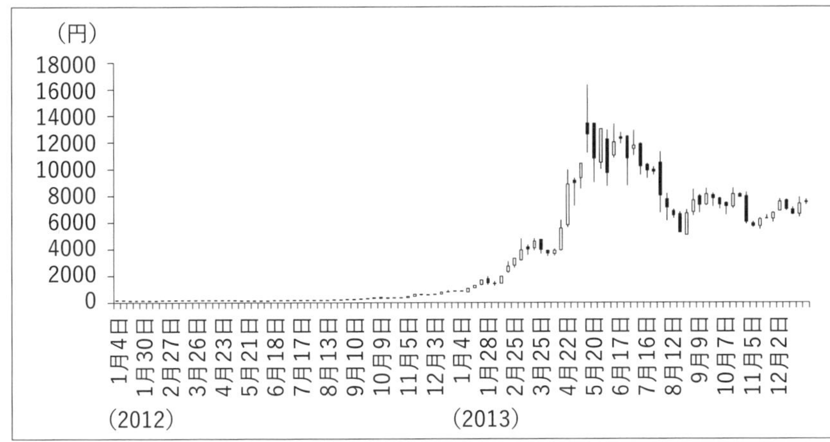

電車の中の変化にいち早く気づいていれば、チャンスがあったということですね。

そのとおりです。

この時、日本人である我々は、外国人投資家に比べて、ものすごい優位な立場にありました。「パズドラ」をやっていなくても、電車の中の変化に気づいて、ガンホーに投資をしていれば、それなりに資産を築けたはずです。

ガンホー以外に、何か具体例はありますか？

トリドールホールディングス（3397）です。トリドールが上昇したのも、**全体相場が下降トレンドの時**でした。

トリドールが上昇したのは、業績が良かったからというよりも、**店舗数を増やすことができていた**からです。

トリドールという会社は、社名に「トリ」と付いていることからも分かるように、上場した時の主力事業は焼き鳥屋でした。

それが「**丸亀製麺**」という、うどん屋のチェーンで大成功し、全体相場が下降トレンドの中で、店舗数を伸ばしていきました。

図㊳ トリドール(3397) 月足 上場～2023年3月

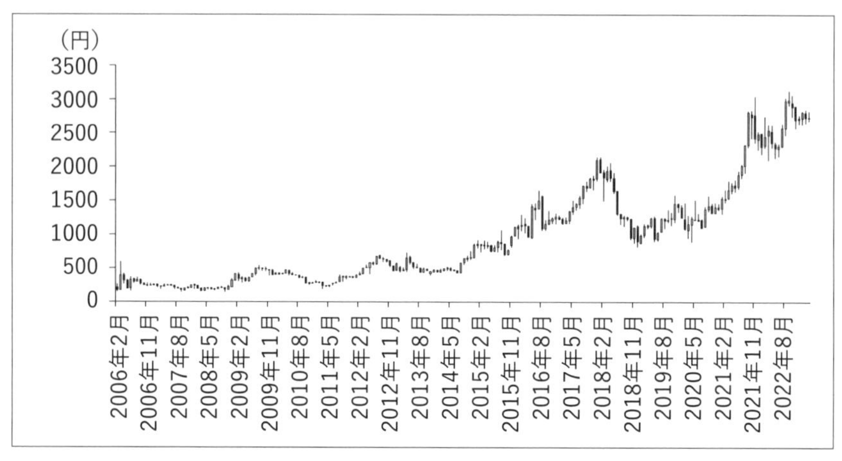

丸亀製麺のお店が街中にどんどん増えていることに気づけたかどうかということですね。

はい。当時、我々は「**ここに丸亀製麺ができた**」「**あれ、あそこにも丸亀製麺ができた**」といった形で、その現象を目の当たりにしていたはずなんです。

こうした変化にいち早く気づけるかどうかが、勝負の分かれ目になります。

昨日もお話ししましたが、日本で起こっていることに関しては、外国人投資家よりも、我々日本人は優位な立場にあります。

例えば、テレビ番組で「**今、こんなものが流行っています**」といった特集が流されることがありますが、外国人投資家は、そういう番組を絶対に見ていません。

まずはそういう番組を意識的に見たり、街中を歩いたりしながら、小さな変化を楽しんで見つけてみるといいのではないでしょうか？

そして、ここからが本当に大事なのですが、**ガンホーやトリドールのような現象は、今後も必ず起こります。**

下降トレンドの時こそ、大きく伸びる会社があるので、チャンスを掴むことができるよう、常にアンテナを張っておいてほしいと思います。

個人投資家が事前に危機を察知する方法

先ほどもお話ししたとおり、私が投資家として、今も生き残ることができているのは、**ライブドアショックの教訓から、リスク管理を重視**してきたからです。

そのため、その後のリーマンショックをはじめ、「〇〇ショック」と呼ばれる数々の暴落相場をほぼ無傷で乗り切ることができました。この点が大きいと思います。

それができたのは、**危機を察知して、その前に全ての資産を現金化**していたからです。

特にリーマンショックで全く傷を負わなかったというのは、本当に大きかったです。

手元にキャッシュがありますから、安くなったところを買いに行けました。

実際、私はリーマンショック前夜の2006年5月に出版した**『株の勝ち方はすべて外国人投資家が教えてくれる』（日本実業出版社刊）**という本で、次のページのように書きました。

次のページへ➡

現在の世界的な株高を支えるもうひとつの重要な要素は、住宅バブルによって景気拡大を続けるアメリカ経済です。アメリカ人は住宅価格が値上がりすることを前提に、住宅を担保に借金をして過剰に消費をしています。住宅価格の高騰によって、資産的に十分余裕があるという感覚で安心して消費をしているのです。さらに、利子だけを払えばいいという融資が、住宅価格の高騰を後押ししています。家賃のように利子を払い、元本は住宅売却代金で返済し、値上がり益を次の住宅購入の資金に充てるというものです。競争激化のため金融機関の融資の審査も甘くなり、融資額は増加の一途を辿っています。
日本のバブル期の土地投機に似ていて危険性を感じますし、少し冷静になって考えれば、こんな異常な経済拡大がいつまでも続くはずがありません。住宅価格がひとたび大きな下落をすれば、個人消費は急失速すると同時に、銀行は巨額の不良債権を抱え、金融危機すら起きかねない状況になるでしょう。
FRBは住宅バブルを崩壊させずに軟着陸させることに重点を置いて、ここ数年の金融政策を決定してきました。FRB前議長のグリーンスパン氏は住宅バブルに一番の懸念を表明していました。住宅バブルの原因が低金利にあると考えて、利上げを繰り返してきたのはそのためです。FRBの金融政策が成功するかどうかはまだわかりませんが、住宅バブルが減速すれば、アメリカの株価下落が始まり、世界的な株価下落に波及していく可能性が高いと考えられます。

なるほど。見事ですね。当時の状況をもう少し詳しく教えてい

ただけますか？

リーマンショックは2008年9月ですが、その前から予兆はあったんですよ。
リーマンショックの前段として、**2007年8月にパリバショック**が起こりましたが、私はパリバショックが起こる前に、ほぼ全てのポジションを解消しました。
そして、**パリバショックのあとに、ポジションを完全にゼロ**にしました。
実はパリバショックのあと、アメリカ株（NYダウとS&P500）は秋口に向けて上昇し、過去最高値を更新したんです。
その時、市場には「**今後も株価は上昇し続ける**」という雰囲気が蔓延していました。
しかし、2007年12月から年明けの2008年1月にかけて株価が大きく下がり始め、同年3月に**ベアスターンズが破綻**。9月の**リーマンブラザーズの破綻**へと発展していきました。

一般の個人投資家が、中原さんと同じように、事前に危機を察知して、ポジションをゼロにするのはなかなか難しいと思います。
事前に危機を察知するために、個人投資家が何か実践できることはあるのでしょうか？

バブル、またはプチバブルに気づくことですね。
私はその時の経済の状況に応じて、見るべき指標を変えています。
例えば2006～2007年当時は、**アメリカの中古住宅販売件数**に注目していました。なぜなら、アメリカ経済が住宅価格の値上がりを前提に、危険なレバレッジ経済に傾斜していたことに気づいていたからです。
低所得者層に住宅を売りまくっていたのはすでに知っていたの

で、これらが不良債権化するのは時間の問題だと考えていました。だから、その影響は、**住宅市場の９割を占める中古住宅販売件数に必ず表れてくるはずだと確信**していました。

実際に、2007年１月の時点で販売件数はかなり落ち込んでいたので、「**バブル崩壊は１～２年以内に起こる**」という前提で投資戦略を構築することができました。

その後、2008年１～２月にアメリカ株の上昇トレンドが終了しました。パリバショックより半年ほど遅れたものの、このケースでも、**トレンドが先見性を発揮**していました。

■図㊴ NYダウ　週足　2006年1月～2008年12月

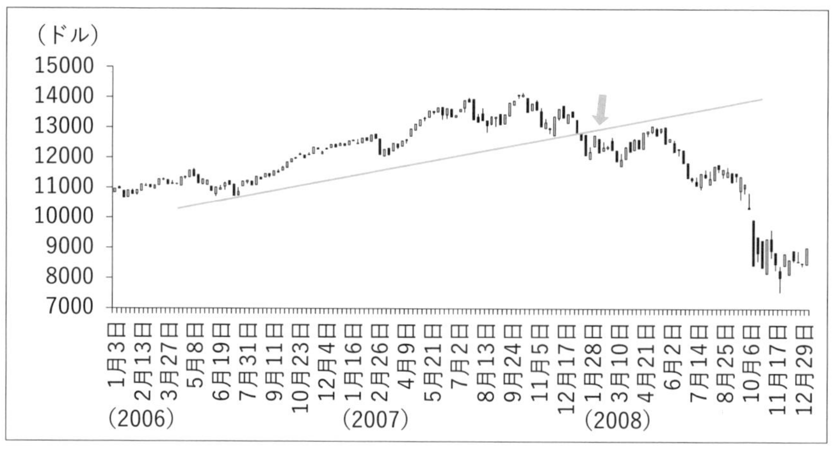

それとは対照的に、当時のバーナンキFRB議長は、**３月になっても「アメリカ経済は盤石だ**」と言っていました。

いかにチャートが信用できるものか、この例からもお分かりいただけるのではないでしょうか？

なるほど。

一般の個人投資家が事前に危機を察知するには、やはり**チャートを見るしかない**と思います。
チャートは100％ではありませんが、仮に的中率が70％ぐらいだったとしても、何も手がかりなしにやるよりは、はるかに良いです。
例えば、**上昇トレンド時に下値支持線を下回ってきたら、ポジションを縮小する。**
下降トレンド時に上値抵抗線を上回ってきたら、ポジションを増やし始める。
そうやってチャートを見ながら、臨機応変に対応していくと、相場とうまく付き合えます。
ボックストレンドは、わりと楽です。
下値支持線に近づく過程で、ポジションを増やしていく。上値抵抗線が近づいてきたら、利益を確定させて、ポジションをなくしていく。それだけですから。
本当にシンプルでいいんですよ。シンプルでいいんですけど、**意外と実践できる人が少ない**んです。
これさえ実践できれば、機関投資家よりもはるかに良い運用成績を残せます。

機関投資家はポジションをゼロにできませんからね。

たしか2020年の2月頃だったと思うのですが、**誰もが知っている有名なファンドマネージャー**の方とメッセージのやり取りをしたんです。
私は「**これから大きな下げが来そうですね**」というメッセージを送ったのですが、彼は「**大きな下げがこれから3段階くらいで来そうだ**」と予想していました。私も同じ見立てでした。
彼が「だから今、うちはキャッシュを厚めにしているんです」

と言うので、ためしに「どれぐらい現金化したんですか？」と聞いてみたところ、「**10%をキャッシュにしました**」との返事が戻ってきました。
正直、これには驚きました。「**これから大きな下げが来ると分かっているのに、たったの10%しか現金化できないのか**」と。

それは仕方ないですよ。そもそも暴落があるという前提でお金を集めていませんし、人様のお金を預かっている以上、彼らは運用益を出さなければなりませんから。
全てを現金で持っているわけにはいきません。

少し調べてみたのですが、アメリカにはフルインベストメントルールがあって、ファンドだと、**現金の比率はだいたい5%**ぐらい。**リーマンショック時でも6%**ぐらいだったそうです。

そんなもんでしょうね。

機関投資家は、基本的に現金で持っていることができません。
ここが個人投資家との大きな違いです。
この状況を、バフェットさんは次のように表現しています。

株式市場は見逃し三振がない野球の試合に似ている。すべての球をスイングする必要はない。狙い球が来るまでいくらでもストライクを見逃すことができるのだ。
しかし、君が資産マネジャーなら話は違ってくる。観客席のファンから「スイングしろよ、怠け者！」とひっきりなしにどやされるからだ

(『史上最強の投資家　バフェットの教訓　逆風の時でもお金を増やす125の知恵』メアリー・バフェット＆デビッド・クラーク著、峯村利哉訳、徳間書店刊)

面白い表現ですね。
でも、中原さんがおっしゃるとおり、**損をしないというのは、本当に大事なこと**だと思います。

大事ですよね。

例えば、100万円を株で運用しているとしましょう。
この時、たまたま大きなショックに巻き込まれて、100万円が半額の50万円になってしまったとします。**50%損**をした計算になります。
この時、残った50万円で損した50万円を取り返そうとすると、50%でなく、**倍の100%の運用益**を出さないと取り返せません。つまり、**いったん損をしてしまうと、元の金額に戻すまでのハードルがかなり上がってしまいます**よね。
怪しいものに近づかないとか、ロスカットをきちんとするといったことを徹底して、損失をできるかぎり小さくすることが大切です。

暴落時の買い時は「日経平均のPBR」で見極める！

初心者の方からよく聞かれるのは「**いつ投資を始めるべきか？**」という質問です。この問いに、中原さんならどう答えますか？

それは**株価が大暴落した時**ですよ。

たしかに大暴落した時は買い時です。
でも問題なのは、**いつ大暴落するか分からない**ことです。
1年後かもしれないし、2年後かもしれない。そうしたら、その分、歳をとってしまいます。
だから、この本を読んでいる方は、**今すぐ投資を始めるべき**だと思います。
例えば、中原さんや僕が「今から70年生きろ」と言われても、年齢的にもう無理なんですよ。
でも、今20歳ぐらいの人は、あと70年は生きる可能性があります。
そして、その**70年間という時間に価値がある**わけです。

たしかに、そうですね。

株で資産を10倍にしたい場合、**一気に10倍にしなくてもいい**んですよ。
まずは資産を2倍にする。その資産をさらに2倍にすれば、4倍。さらに2倍にすれば、8倍。
そうした形でステップを踏んでいけば、無理なく資産を増やすことができますが、そのためには、どうしても時間が必要です。
72の法則というものがあります。
例えば3年で資産を2倍にしようと思ったら、**72÷3＝24**で、**年率24%**のリターンが必要です。
だから**年率24%のリターンで、まずは3年で2倍を目指す。**
これができたら、その次の3年間でさらに2倍を目指す。
そうすると、**12年後には10倍**を超えてきます。

年率24%は、けっこうハードルが高いですね。

たしかに、リスクとリターンを考えた時に、年率24％のリターンを続けるのは、ハードルが高いかもしれません。
その場合、72 ÷ 10 ＝ 7.2で、**年率7.2％**でもいいんですよ。
まずは10年間で、資産2倍を目指す。目標なので、現実的かどうかは、いったん置いておいてください。
実は、こうなった時に生きてくるのが、70年という人生の残り時間です。
年率7.2％でも、40年で10倍を超えてきます。
だから特に若い人たちは、今すぐ始めてほしいですね。
投資の世界は若いというだけで、有利ですから。

たしかに、20代で投資を始める人と、50代で始める人を比べると、20代の人が圧倒的に有利ですね。
ただいずれにしても、**年齢に関係なく、いかにリスクをコントロールするかが重要**です。
リスクをコントロールすることができると、いざ大暴落した時に備えることができます。
株式投資で最も利益が出るパターンの1つは、みんなが「**もう株は厳しい**」「**もう株はやめたい**」と言って、個人の追証売りが大量に出る時、つまり**セリングクライマックス**の時です。
近年だと、**2020年3月のコロナショック時**が、そのパターンでした。
コロナショック時に、私はファイナンシャルアカデミーやパンローリングの投資戦略フェアなどで、**緊急オンライン講義**をしました。その際、私はその後のコロナ社会を見越して、**「DX関連株が有望だ」**という話をしました。

それは素晴らしいですね。例えば**サイボウズ（4776）**とか、めちゃくちゃ上がりましたよね。なぜ、中原さんは「**今（2020**

年３月）が買い時」と分かったのでしょうか？

■図㊵ サイボウズ(4776)　週足　2020年1月～12月

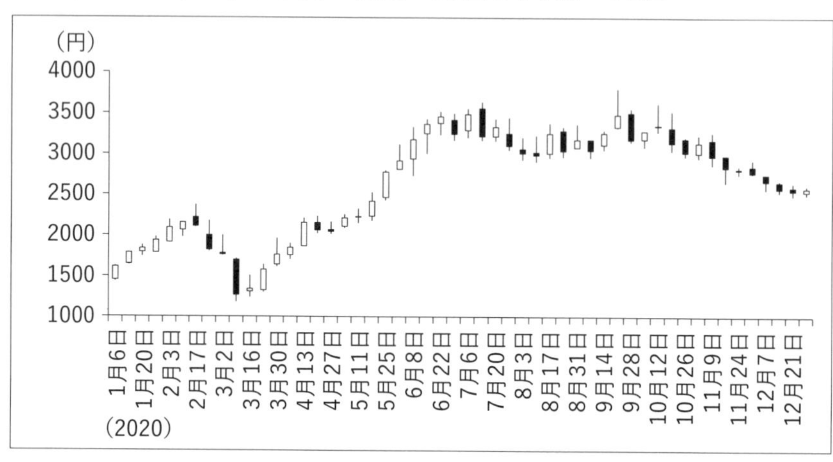

それは日経平均のPBR（株価純資産倍率）が１倍を大きく下回っていたからです。

■図㊶ 日経平均のPBR推移　月足　2000年～2022年

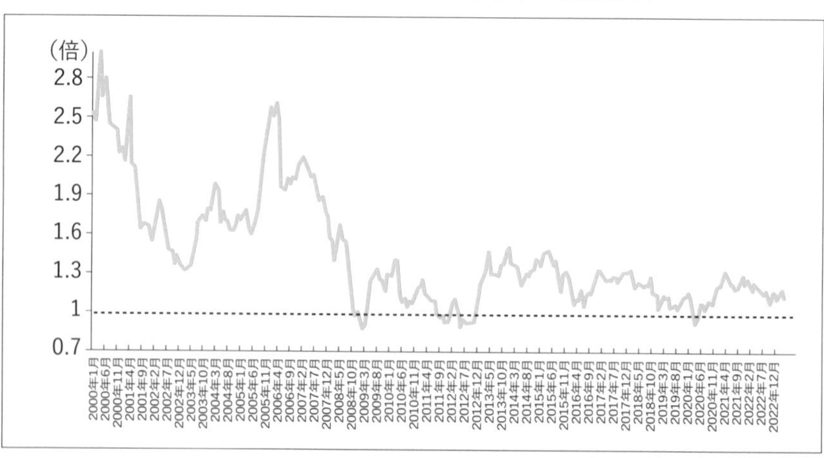

今、振り返ってみると、欧州債務危機の影響が深刻化した2012年は本当に厳しくて、私自身は全然資産が増えませんでした。**日経平均のPBRを見ると、2012年はリーマンショック時と同じぐらい**だったんです。
過去の日経平均のPBRの推移を見ると、リーマンショックと欧州債務危機はだいたい同じぐらいで、**0.8倍台**でした。

その後、0.8倍台になったことはあるのでしょうか？

それが**2020年3月のコロナショック時**だったんです。だから、私は**「今が買いだ」**という話をしました。
リーマンショックと欧州債務危機の時を振り返ってみても、**たいてい1年以内にPBRは1.0倍以上に戻っています。**
だから、私は「**この危機はリーマンショックや欧州債務危機に匹敵するかもしれない。でも不確実性が晴れれば、かなり早く戻る**」という話をしたんです。
まさか、わずか数カ月で戻るとは思わなかったですけどね。

無制限緩和という、とんでもないことをやりましたからね。

でも無制限緩和をしてからも、株価は大きく落ちたんです。
みんなパニックになってしまったのかもしれませんね。
いずれにしても、**日経平均のPBRは重要な指標**です。
PBRが0.8倍台に突っ込んだのは、リーマンショック、欧州債務危機、それからコロナショックの3回しかありません。

もし今後、日経平均のPBRが0.8倍台に突っ込むようなショックが起これば、その時はチャンスということですね。

そう思います。

セリングクライマックスを見極める方法

暴落時にセリングクライマックス（下落の最終局面で、出来高や売買代金を伴って、大きく株価が下落すること。売りが一段落して、反転上昇することが多い）が来れば、その時は大きな買いのチャンスになります。
「**今がセリングクライマックス**」というのは、中原さんはどのように見分けているのでしょうか？

まずは売買高ですね。**売買高が異様に膨らむ時は、セリングクライマックスの可能性が高い**とみます。
例えば2022年のマザーズ市場の暴落を見ていて、私は買う気になれませんでしたが、それは売買高が全然膨らまなかったからです。
売買高が膨らまないのに、ダラダラと下がっていきました。

そうでしたね。売買高が膨らまないのに、株価が底入れしたりしていました。全く訳が分かりませんでした。

コロナショックからさかのぼってみると、過去のセリングクライマックスのパターンは、「**出来高が増加して、長い下ひげが出た時**」が多かったです。
ですが、近年のパターンは、「出来高が増えなくて、大陰線を引いた時」が多いですね。

セリングクライマックスは追証売りで、要するに「**もう無理**」「**ギブアップ**」という状態です。
そうなると、**約定させて、ポジションを消すこと自体が目的になるから、どうしても雑になってしまう**んですよ。
例えば、買う時は指値を入れて、下がってくるのを辛抱強く待つのに、売る時は値段など関係なく、投げ売りしてしまう。
そういう時に限って、**下で指値が入っていないから、ドカーンと下がって大陰線になる**んです。

個人投資家がセリングクライマックスを見極める方法は、何か他にあるでしょうか？

ネット証券が公表している**信用評価損益率**を見るといいと思います。
信用評価損益率というのは、**信用取引を行っている投資家がどれぐらいの含み益、あるいは含み損を抱えているのかをパーセンテージ（%）で示した指標**になります。
毎週、東証が火曜日の引け後に信用評価損益率を出していますが、あれは信用取引の全てのポジションで、かなり前から塩漬けになっているものが含まれています。
塩漬けになっているということは、要するにマイナスが多いので、あまり参考になりません。
一方、ネット証券、例えば松井証券などは、個人で自発的に売買した信用取引分だけの評価損益率を毎日出しています。

この数字は常にマイナスで推移していると理解しています。

おっしゃるとおり、**常にマイナス**です。
基本的に利益が出たら、みんな売るので、マイナスのものだけ

が残りがちなんですが、普段は**マイナス10%前後**なのが、**マイナス20%**になり、時に**マイナス30%**にタッチする時さえあります。
こうなると、さすがにみんな苦しくなってくるので、セリングクライマックスは近いかもしれません。
こうした情報は、ネット証券に口座を持てば、誰でも簡単に取ることができます。
個人投資家の心理状態を知る判断基準として、1つの目安になるので、良いサービスかなと思っています。
何か中原さんが注目している指標はありますか？

VIX指数です。VIXは「**Volatility Index**」の略で、投資家の心理を示す**「恐怖指数」**として知られています。
VIX指数が35を超えてくると、セリングクライマックスに近い状態と言えると思います。
ただし注意点として、新型コロナが蔓延し始めた2020年3月頃がそうなのですが、おそろしく指数が上がってしまう時があるんですよね。
あの時は、**VIX指数が80**を超えました。

あの時はすごかったですね。
いずれにせよ、**VIX指数が上昇して、みんながビビっている時に、積極的に買う。**
そうした形で、**逆指標としてVIX指数を使うのはものすごく良い**と思います。
例えば2022年で言うと、**VIX指数が34を超えたのは3回**ありましたが、その次の日に日経平均を買ったとすると、**3回とも1週間後には大幅にプラス**になっています。

図42 日経平均とVIX指数の推移　週足　2022年1月〜12月

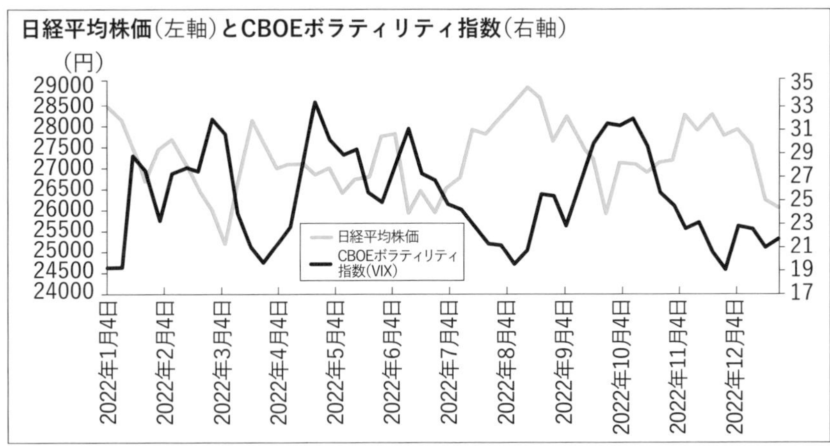

VIX 指数の仕組みについて、簡単に説明していただけますか？

なぜ VIX 指数が上がるのか？

簡単に説明すると、要するに株価の大幅な下落に伴い、売りヘッジが増えるからです。

売りヘッジが増えるというのは、株価が下がりそうだから、それに備えて保険を入れるわけです。そのポジション構築がVIX 上昇に繋がります。

でも保険って、あとで振り返ってみると、「**そんなに心配しなくてもよかった**」「**思っていたよりもたいしたことなかった**」ということがけっこう多いです。

そうですね。

そうした時は、売りヘッジしたものを買い戻すから、それが**リバウンド要因**になって、株価が上がります。

そう考えると、VIX 指数が高い時というのは、みんながビビって保険を入れている時だから、それが落ち着くと、**かなり高い確率で株高要因になる**んですよ。
ただし、みんなが保険をかけている以上に、悪いことが起こることもあるので、その時はお手上げですが……。

結局、セリングクライマックスというのは、みんなが「**もう勘弁してくれ**」「**もう株はやめたい**」という状況です。
言い方は悪いかもしれませんが、今にも発狂しそうな人が多くなればなるほど、そこには儲けるチャンスが生まれます。
多くの人が損をしている時に買える人が、やっぱり強いと思います。

2022 年は VIX 指数 35 が 1 つの目安でしたが、今後も 35 が目安かと言えば、一概にそうとは言えません。
その時々で状況が違いますから。

VIX 指数が 40 を超えたのは、今までに 2 回しかありません。
リーマンショック時とコロナショック時だけです。

コロナショックの時は、みんながプットを買いまくって、下げに備えにいきましたが、あれは特殊例ですよね。
それを除けば、**VIX 指数は 40 の手前ぐらいで止まることが多い**です。
例えば 2015 年のチャイナショックや 2016 年のブレグジットの時も、40 までいきませんでした。
振り返ってみると、**VIX 指数が 30 を超えてくると、けっこうピリピリしてくる感じ**ですね。

私が重視している相場の格言の 1 つに **「総悲観は買い」**

という格言があります。私がいつも個人投資家の方々に言っているのは、「上がったら弱気になれ」「下がったら強気になれ」ということです。
みんな逆なんですよ。たいていの人は、上がったら強気になって、下がったら弱気になってしまいます。
専門家の中には、「**上がる**」「**上がる**」**と言い続けて、常に強気の人たち**がいますが、私には理解できません。

そういう人たちのことを、ヘッジファンドの世界では「壊れた時計」と呼びます。
例えば、壊れていつも12時で止まっている時計でも、1日2回は正確な時間を指すんですよ。
いつも同じ相場観を語る人は、同じ時刻を指している壊れた時計と同じ。株の世界では、そう表現されます。
「上がる」「上がる」と言い続けていれば、「**それはいつかは上がるだろう**」という話です。
そういう人たちの言うことを信じたらダメですよ。

そのとおりですね。

結局のところ、誰かに頼るのではなく、自分でアクションを起こすしかありません。
株をやっていると、だんだんコツが掴めてきて、自分なりの「見るべきポイント」が身についてくるものです。
自転車だって、同じですよね？
実際に乗って、転ばないと、うまく乗れるようにはなりません。
転んで大ケガさえしなければ、相場は何度でもチャンスを与えてくれますから。

急落した株「買っていい時」「買ってはいけない時」

急落した株に、いつ手を出せばいいのか？

先ほど、日経平均のPBRやVIX指数を手がかりにする方法について、お話ししましたが、**買い時を見極めるのは、熟練した投資家でもなかなか難しい**と思います。
この点について、岡村さんから何かアドバイスはありますか？

急落した株の買い時は難しいですが、1つ言えることがあります。
それは**急落した理由が分からない株は、急落したからといって、すぐに手を出してはいけない**ということです。
良い例は、2011年の東日本大震災時の**東京電力ホールディングス（9501）**ですね。
原発がああいう状態になってしまうと、東京電力がどうなってしまうのか、誰にも分からなかったはずなのですが、「安いから」という理由で買った人たちがたくさんいました。
株価が下げ止まらず、買った株を投げ売りして、さらに株価が下がるという状況に陥ってしまいました。
こうした時は安いからといってすぐに飛びつかず、**被害状況が見えるまでじっくり待たないとダメ**です。

**図㊸ 東京電力ホールディングス(9501)
月足　2011年1月〜2015年12月**

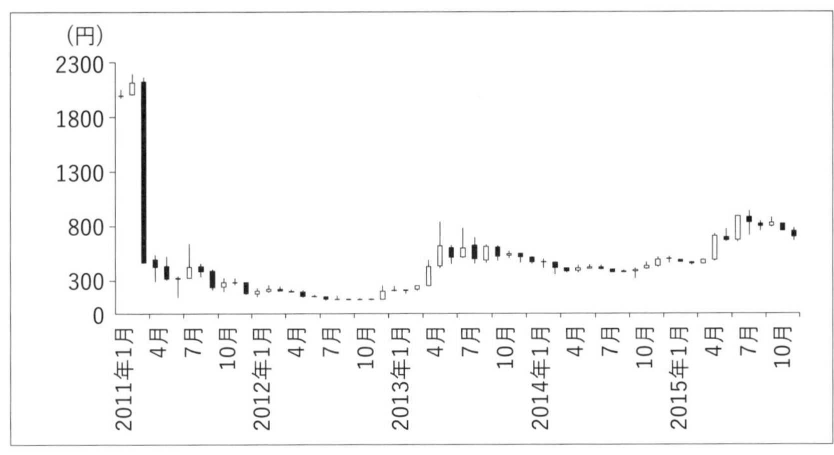

逆に**早めに動いた方がいいパターン**もあるのでしょうか？

あります。相場が急落した時に、早めに動いた方がいいパターンもあって、それは**デリバティブが暴走した時**です。
良い例は、**2018 年 2 月の VIX ショック**ですね。
当時は VIX が低位安定推移していて、「**ぬるま湯相場**」（ゴルディロックス）と呼ばれていた時期でした。そのため、VIX をショートする（売る）のがアメリカで流行っていました。
すっと緩やかに下がり続けていたので、ショートしておけば、儲かったんです。
それが溜まりに溜まったところで、株価の大幅な下落によって VIX が急騰。VIX ショートの焦った買い戻しによって **VIX 指数が急上昇し、その影響で株価が急落**する事態が起こりました。
こうした時は、チャンスです。
デリバティブの暴走で株価が落ちているだけなので、早めに動いた方がいいです。

2020年4月に、**WTI原油先物価格が史上初めてマイナス**になりました。
あれもデリバティブの暴走ですよね。
原油価格にマイナスがあることを知らなかったので、びっくりしました。

驚きましたね。そもそも見たことがないですから、分かるわけがありません。
いずれにせよ、相場の世界では、こういうことがたまに起こります。
なぜ株価が急落したのか？
その原因を自分の中ではっきりさせることが大切です。

投資技術をバージョンアップする方法

中原さんに**今後の情勢**について伺いたいと思います。
中原さんは、今後の相場はどうなると見ていますか？

今後の相場がどうなるかは分かりません。
ただ1つ確実に言えるのは、**FRBをはじめとする世界の中央銀行の金融政策の変更により、歴史的な上昇相場は終わった**ということです。
私が重視している相場の格言の1つに**「FRBには逆らうな」**という格言があります。
FRBが金利を上げる局面で、例えば機関投資家のようにフルインベストメントルールで動くというのは、明らかにFRBに逆らっているわけです。
いずれにしても、FRBを中心に、世界の中央銀行が主導した金融相場は終わり、**一時的な上昇はありうるものの、数年単位で上がりづらい相場が続く**とみています。

実は、2012 年から 2021 年までの 10 年間で、日経平均は 9 年間上がっています。
下がったのは 2018 年だけで、その他の 9 年間は上昇しました。それがアメリカの金融政策の変更に伴い、**2022 年に入って、大コケ**したわけです。
10 年間の中で 9 年間も上がったのは、1980 年以降は、1980 年から 1989 年の間だけです。この頃はいわゆる**バブル**でした。
つまり、**2012 年から 2021 年までの 10 年間は、歴史的な上昇相場**だったということです。
この状況下で**「資産が何十倍になりました」**という話が数多くありますが、この間はあくまでも**特殊な 10 年間**だったとも言えます。
この相場で得た感覚というのは、今後の相場では、あまり活かせないかもしれません。

図㊹ 日経平均　年足　1980年～2022年

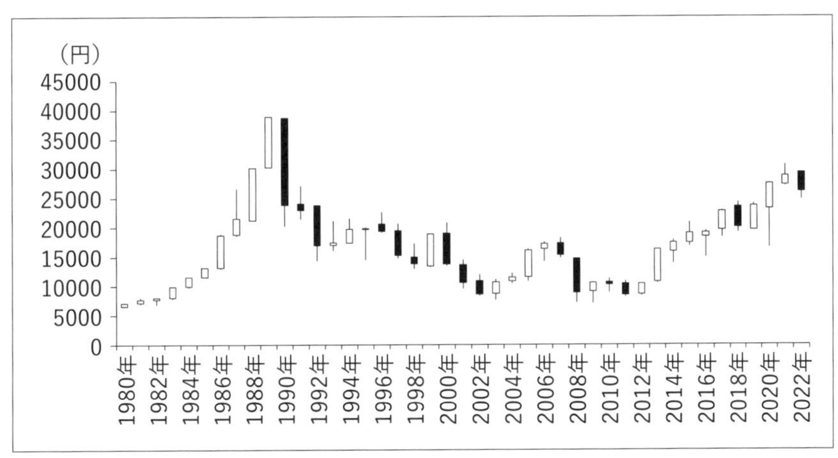

私もそう思います。

2012年のアベノミクス以前は、例えば「**日経平均のレバレッジ型ETFを買って、指数の2倍を取りに行こう**」という投資を誰もやっていませんでした。
まあ、当時はそんなETFはなかったんですけどね。
では、**アベノミクス以前の投資家たちが、どのように資産を増やしていったのかと言うと、個別株投資**でした。
例えば、日本国内完結型の企業は、為替は関係ありません。
むしろ、円高の方がいい。中小型株には、そういう株がかなり多いです。
そういう**中小型も含めた個別株への投資で凌ぐ戦略**は、アベノミクス前の相場が良くなかった頃に、普通にみんながやっていたことです。
歴史的な上昇相場が終わった今、そうした**原点に回帰する投資家**が、今後は結果を出すような気がしています。
中原さんから、何かアドバイスはありますか？

アメリカ株はこの十数年間、FRBが立て続けに**QE1、QE2、QE3、QE4**をやって、投資家はずっとぬるま湯の中で投資ができました。
つまり、**投資家はFRBにずっと助けられてきた**んです。
日本も同じです。2013年から日銀による異次元の金融緩和が始まり、株価を底上げしてきました。
ですが、**これからはFRBも日銀も助けてくれません。**
そういう相場に入っていくということを、きちんと頭に入れてく必要があるでしょう。
特に日本株（日経平均やTOPIX）では、個人投資家は過去10年以上にわたって、下降トレンド

を経験していません。
仮に下降トレンドが始まったとしたら、**今まで通用した方法だけでは、今後の相場を乗り越えることは難しい**でしょう。
個々の投資技術のバージョンアップが求められます。

まさにそのとおりですね。
まだ今後が下げ相場になると決まったわけではありませんが、大きな転換点に来ていることはたしかです。
一番厳しいのは、**低水準が横ばいで続く相場**ですね。2010年から2012年までがそんな感じでした。
揉み合いになると、資産を増やすのが難しくなります。
全然増えない状態になると、何が起きるのかと言ったら、**流動性が落ちてくる**んです。売買代金が減ってくる。
売買代金が減ってくると、ますます人がいないから、やる人が減っていくという悪循環に陥ります。
収益の機会が少なくなる中で、いったいどうすれば資産を増やせるのか？
自分なりに工夫をする必要があります。

例えば、どんな工夫をすればいいでしょうか？

揉み合いの相場で資産を増やそうと思うのなら、**海外投資家や国内の機関投資家がメインプレイヤーでない銘柄を選んだ方がいい**と思います。
グロース株、小型バリュー株、あとはすごく割安な株などです。
切り口を変えながら、いろいろなことをしないと、資産が全然増えない状態に陥りかねません。
いずれにせよ、中原さんがおっしゃる「投資技術のバージョンアップが求められる」というのは、まさにそのとおりです。

これからは**投資技術とか投資の取り組み方を変えていかなければ、結果を出せない**と思います。

バージョンアップと言うと、少し分かりづらいかもしれませんが、例えば、パソコンでバージョンアップと言うと、**最新のデータに更新**することですよね。
これと同様に、世界の株式市場は、**米雇用統計**や**米 CPI（消費者物価指数）**など、新しく注目されるようになった経済指標や、新しいマーケットの材料によって、刻一刻と変化しています。
要するに、バージョンアップというのは、そうした**最新の情報をどんどん取り入れて、市場の変化に柔軟に対応してもらいたい**ということです。

ものすごく大事なことですね。

投資の世界で人間がAIを凌ぐ結果を出すことは可能か？

最近は ChatGPT など、生成 AI の発展が目覚ましいですが、最後に**「投資の世界では、人間は AI に負けない」**という話をして、締めたいと思います。

中原さんがおっしゃるとおりで、今のところ、投資の世界では「**AI は人間に勝てないだろう**」と見られていて、それ自体が脅威にはなっていません。
なぜか？
その理由を、囲碁を例にとって説明したいと思います。
韓国に、**李世ドル**という囲碁の天才がいます。

2016年、李世ドルにグーグル・ディープマインドが開発したAIの「**アルファ碁**」が5番勝負を挑み、**アルファ碁が4勝1敗で勝って、大騒ぎ**になりました。
それ以前に、将棋の世界では、AIが人間に完全に勝利をしていました。
一方、囲碁は将棋と比べて盤面が多く、手数も格段に多いので、「**囲碁の世界でAIが人間に勝つのは無理**」と言われたんです。
ですが、それを成し遂げたので、大騒ぎになりました。

大きなニュースになりましたね。

はい。その後、新しいバージョンとして「**アルファ碁ゼロ**」が開発されました。
旧バージョンのアルファ碁と対局を行ったところ、**アルファ碁ゼロが100戦100勝**という成績を上げました。
AIの学習能力は、本当にすさまじいものがあります。
でも、将棋や囲碁の世界で活躍するAIは出てきても、**麻雀の世界で活躍するAIは出てきていません。**

それは、なぜでしょうか？

なぜかと言うと、将棋や囲碁と違って、**麻雀は1対1ではない**からです。
AIの進化で手数の壁を乗り越えてきましたが、あくまで1対1での勝負のことですよね？
でも麻雀のように、複数の人数が参加して、「**あいつは訳の分からない手を打ってくる**」「**こいつも訳が分からない**」となると、手数の増え方が膨大になって、対処できません。

なるほど。麻雀は４人ですが、相場はそれ以上に参加人数が多く、より複雑です。

そのとおりです。マーケットには、不特定多数の人間が参加します。
頭の良い人もいれば、めちゃくちゃ変な行動をする人もいます。
何をするか分からない人間が多数いる状況で、AIにゲームの予測をさせるのは不可能なんです。
だから、どんなにAIが発達しても、投資の世界でAIは人間に勝てないと言われています。
常勝AIが出てきたら、正直、冷めてしまいますしね。

このままであってほしいものですね。

そうですね。
投資の世界では、常に人間が介在していて、**大きな騙し合いのゲーム**を行っています。
人の心のことを**「センチメント」**と言いますが、センチメントは、簡単に変わります。
例えば、日経平均が大幅に下落すると、「**もうダメかも**」となるし、日経平均が大幅に上昇すれば、「**これはいける！**」となります。
今は強気の人が多いのか、それとも弱気の人が多いのか？
そういうことを敏感に感じ取ることができる人間の脳の方が、投資の世界では優秀だと僕は信じています。

囲碁の世界では、世界チャンピオンでもAIに勝つことはできません。
でも、**投資の世界では、チャンピオンでなくても、**

AI に勝つことができるということですね。

今のところは、そういうことです。

投資の世界では、人間は AI に負けません。
ぜひ、この本を読んでいるあなたも、**自信を持って、投資に臨んでほしい**と思います。
岡村さん、このたびは 3 日間にわたる対談、本当にありがとうございました。

ありがとうございました！

おわりに

この本を読むことで、あなたの株式投資の成績に何らかのプラスをもたらすことができれば、著者として、これほど嬉しいことはありません。

しかし、この本を読んだだけで、運用成績がぐんぐん上がる……というのは、現実的にはなかなか難しいでしょう。

この本を書くにあたり、担当の編集者が「**IPO 銘柄の達人**」という肩書きを僕に付けてくれました。ですが僕自身、自分のことを達人だと思ったことは一度もありません。僕に何かアドバンテージがあるとするならば、**長い間、IPO 銘柄に興味を持ち、チェックをし続けてきた**ことぐらいです。

あくまでも私感ですが、大物投資家として、投資の世界に長く携わっている人でも、**自分のことを達人だと思っている人は、おそらく誰一人いない**と思います。

株式投資の世界には、世界の叡智が集結しています。みんなが目指すところは、ただ１つです。**安く買って、高く売ること。**そのために、世界中の優秀な人々が毎日、試行錯誤を繰り返しています。

なぜ、試行錯誤を繰り返すのか？　その理由は、**この世界には正解がないから**です。今日通用したことが、明日には通用しなくなる。そんなことは、日常茶飯事です。だからこそ、みんなが「次はどうやったら、うまくいくのか」を考え、試行錯誤を繰り返しています。**楽に儲かる方法などありません。**みんな必死なのです。

株式投資は、**未来予測のゲーム**です。どうすれば、未来を予測することができるのか？　そのためには、過去を振り返ることが欠かせません。

歴史は繰り返さないが、韻を踏む。これは『トム・ソーヤーの冒険』で知られる作家マーク・トウェインの言葉です。「**歴史は繰り返さないが、似たようなことはよく起きる**」という意味です。

マーケットには、常に人間が介在しています。人間がやることですから、どうしても、過去と似たようなことが繰り返し起こります。つまり、未来を予測するためには、まずは**過去の歴史を振り返ることが必要不可欠**なのです。

例えば21ページで、僕は「**短期テンバガー達成の３つの条件**」を掲げました。これは「過去のテンバガーの共通点」を探りながら立てた「**僕なりの仮説**」です。

もちろん、この仮説が「**未来のテンバガー**」にも当てはまるとは限りません。ですが、少なくとも、過去を振り返らなければ、こうした仮説は立てようがありません。

仮説を立てて行動することの重要性は、すでに本文に書いたとおりです。**あなたなりの仮説を立てるために、ぜひ過去を振り返り、歴史に学ぶ習慣を身につけてください。**

大事なのは、長く続けることです。ただ、闇雲に長く続けるのではなく、自分なりの仮説を立て、試行錯誤を繰り返すことが肝心です。正しいプロセスで長く続けていれば、そのうち、**思いもよらぬ幸運**に巡り合えるかもしれません。

世の中の膨大な本の中から、この本を選んでいただいたあなたの**「投資家としての成功」**を心より祈念しています。

最後になりますが、この本を書くにあたり、共著者として対談してくださった中原圭介さんに感謝いたします。

また、この本の流通・販売を担っていただくサンクチュアリ出版営業部の皆様、ならびに全国の書店員の皆様に、この場を借りまして、厚く御礼申し上げます。

最後まで読んでいただき、本当にありがとうございました。

岡村友哉

Profile

中原圭介（なかはら・けいすけ）

経済アナリスト・経営アドバイザー
金融機関や官公庁勤務を経て、2006年からアセットベストパートナーズの経営アドバイザー・経済アナリストとして活動。総合マネースクール「ファイナンシャルアカデミー」の講師も兼務する。
「経済予測のスペシャリスト」として、その予測に定評がある。
『日本の国難』（講談社刊）、『サブプライム後の新資産運用』（フォレスト出版刊）など、ベストセラー多数。

岡村友哉（おかむら・ゆうや）

経済番組キャスター・株式コメンテーター
国内大手証券会社を経て、2004年に投資情報会社のフィスコに入社。退職後、2010年11月から経済番組に出演し、キャスターを務めている。
専門はIPO・先物・オプションなど。仕事で数多くの取材をこなしているため、特にIPO銘柄に詳しい。知る人ぞ知る「IPO銘柄の達人」。

お金を10倍に増やす株の見つけ方

2023年 7 月 23 日　　初版発行

著　　者　中原圭介　岡村友哉
編　　集　大平淳
発 行 者　大平淳
発　　行　株式会社横浜タイガ出版
〒221-0074　横浜市神奈川区白幡西町37-5
TEL　045-401-2822
URL　https://ytaiga.co.jp
発　　売　サンクチュアリ出版
〒113-0023　東京都文京区向丘2-14-9
TEL　03-5834-2507
FAX　03-5834-2508
印刷・製本　日経印刷株式会社

ISBN 978-4-8014-9005-5